MODERNES
HANDLESEN

KNAUR.LEBEN

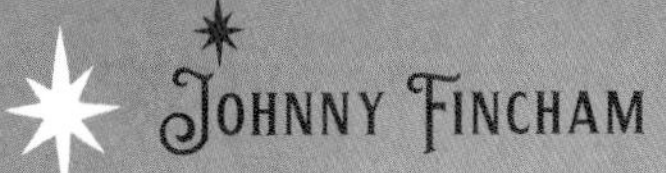

Johnny Fincham

MODERNES HANDLESEN

WAS DEINE HÄNDE ÜBER DICH UND DEINE ZUKUNFT VERRATEN

Aus dem Englischen
von Ulla Rahn-Huber

KNAUR.LEBEN

Originaltitel: »The Modern Palm Reader«

Conceived, edited, and designed by Quarto Publishing, an imprint of the Quarto Group, 1 Triptych Place, London, SE1 9SH

Aus Verantwortung für die Umwelt hat sich die Verlagsgruppe Droemer Knaur zu einer nachhaltigen Buchproduktion verpflichtet. Der bewusste Umgang mit unseren Ressourcen, der Schutz unseres Klimas und der Natur gehören zu unseren obersten Unternehmenszielen. Gemeinsam mit unseren Partnern und Lieferanten setzen wir uns für eine klimaneutrale Buchproduktion ein, die den Erwerb von Klimazertifikaten zur Kompensation des CO_2-Ausstoßes einschließt. Weitere Informationen finden Sie unter: www.klimaneutralerverlag.de

Deutsche Erstausgabe 2024
Knaur.Leben Taschenbuch

Übersetzung: Ulla Rahn-Huber, Mainz
Redaktion: Franz Leipold, Violau
Covergestaltung: Verlagsgruppe Droemer Knaur GmbH
nach dem Original von Quarto Publishing plc
Illustratorinnen: Sue Gent und Olga Kamieshkova
Satz: Adobe InDesign im Verlag nach dem Originallayout
von Karin Skånberg
Druck und Bindung: 11010 Printing International Ltd., Hongkong
Printed in China
ISBN 978-3-426-44731-4

5 4 3 2 1

Inhalt

Über dieses Buch

Dies ist ein Crashkurs in der Kunst des Handlesens. Wir zeigen hier immer nur eine Hand; die besten Ergebnisse erzielst du aber, wenn du dir beide Hände anschaust. Fehlt dir dazu die Zeit, nimm die aktive Hand (Schreibhand) zum Deuten der nach außen sichtbaren und die passive für die verborgenen Persönlichkeitsanteile.

EINLEITUNG
Ein Überblick über die Geschichte und Forschungen zum Handlesen und welche Rolle die Astrologie dabei spielt.

KAPITEL 1
DIE GRUNDLAGEN
Was die aktive und passive Hand unterscheidet, welche Bereiche des Handtellers für welche Bewusstseinsebene stehen und was die Handform über dein ursprüngliches, instinktives Selbst verrät.

KAPITEL 2
DIE FASZINIERENDEN FINGER
Wie du Persönlichkeitsmerkmale an den Fingern abliest und was ihre Länge im Verhältnis zueinander sowie ihre Geradheit und Flexibilität über den Charakter aussagen.

KAPITEL 3
DIE HANDLINIEN
Die Handlinien liest du erst, nachdem du Handform, Hautbeschaffenheit, Fingerlänge und Prägezeichen gedeutet hast. Hier findest du alles Wissenswerte über die vier Hauptlinien – Lebens-, Herz-, Schicksals- und Kopflinie – und die relevanten Nebenlinien.

KAPITEL 4
HÄNDE LESEN
Die Praxis des Handlesens: Wie du Intuition, diplomatisches Gespür und Taktgefühl für möglichst präzise Readings nutzt.

KAPITEL 5
DIE ÜBUNGSHÄNDE
Vier Handpaare zum Testen deines Könnens. Nimm dir Zeit und schau sie dir sorgfältig an. Die Lösungen findest du am Ende des Kapitels.

KAPITEL 2 DIE FASZINIERENDEN FINGER

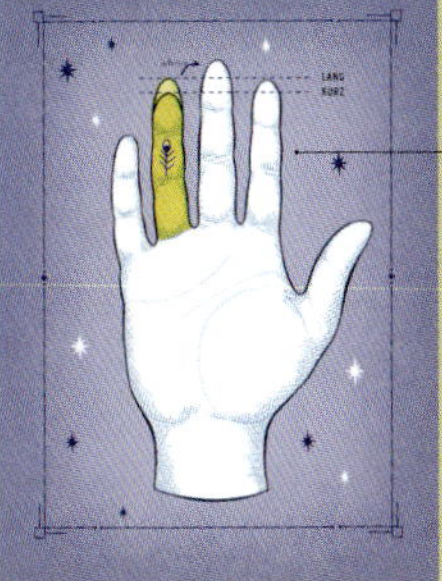

Ein kurzer Text verrät die Bedeutung hinter den Zeichen.

Leicht verständliche Darstellungen mit den Schlüsselelementen, auf die es zu achten gilt.

KAPITEL 3 DIE HANDLINIEN

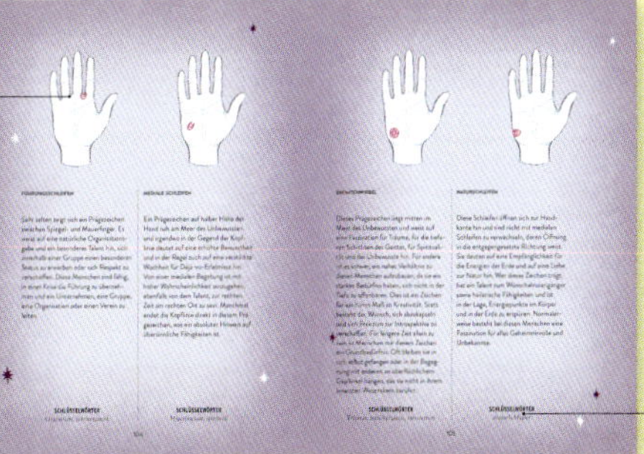

Einfach zu identifizierende Linien, Muster und Zeichen, die du leicht in deinen eigenen Händen sehen kannst.

Die wichtigsten Punkte sind in Form von Schlüsselwörtern zusammengefasst.

KAPITEL 5 ÜBUNGSHÄNDE

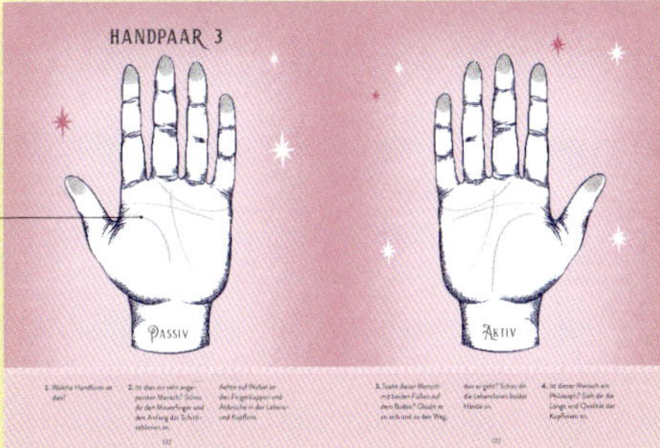

Überprüfe dein Können anhand der hier gezeigten Beispiele.

EINLEITUNG

HANDLESEN DAMALS UND HEUTE

Das Handlesen (auch: Chiromantie) ist beinahe so alt wie die menschliche Zivilisation. Die ursprünglich aus Indien stammende Kunst galt in der griechischen Antike als Geisteswissenschaft und wird von Aristoteles (384–322 v. Chr.) in seinem Werk *Historia Animalium* genannt. In der Bibel wird sie an drei Stellen erwähnt (Exodus 13:9, Sprichwörter 3:16 und Hiob 37:7). Es gibt kaum eine Kultur, in der sie nicht irgendwann praktiziert worden wäre.

Von jeher suchte man in Händen nach Zeichen wie dem »mystischen Kreuz« oder dem »Fisch«, um Rückschlüsse auf das Schicksal zu ziehen. Abbrüche, Überkreuzungen und Unterbrechungen von Linien wurden wechselweise als Problem, Segen oder Unglück gedeutet. Nach einer Abhandlung aus dem 15. Jahrhundert verheißt ein Kreuz in der Herzlinie einem Mann den Feuertod und einer Frau den Tod im Kindbett.

Dass sich Handlinien im Lauf des Lebens verändern, ist noch nicht lange bekannt, und nur die wenigsten Handleser können Fingerabdrücke lesen, obwohl diese für ein Reading von zentraler Bedeutung sind.

Die Stärke des Handlesens liegt nicht in der Weissagung, sondern darin, tief ins Innere eines Menschen zu schauen. Dem erfahrenen Chiromanten bleibt nichts verborgen. Die Hände, nicht die Augen, sind das wahre Fenster zur Seele und der Spiegel unseres Charakters.

Ein enormer Teil der Gehirnoberfläche ist den Handflächen gewidmet. Diese müssten über 1,20 Meter breit sein, würde man das normale Verhältnis zwischen Körperregion und Gehirnzuständigkeit zum Maßstab nehmen. Tausende neuere Studien stellen einen Zusammenhang zwischen Händen und Charakter her, sodass sie endlich die verdiente Anerkennung als Spiegel unserer Eigenschaften, unseres Potenzials und unserer Identität finden.

Diese historische Illustration zeigt wichtige Zeichen wie den Stern, den Fisch und die Krone.

ASTROLOGIE UND CHIROMANTIE

Eine der Altlasten, die die Chiromantie zu tragen hat, ist ihre Verknüpfung mit der Symbolik und den Begrifflichkeiten der Astrologie. Im Mittelalter, als darüber viele Abhandlungen geschrieben wurden, war man überzeugt, dass alles menschliche Leben durch die Planeten oder »Himmelssphären« beeinflusst sei, und die meisten Chiromanten (wie auch Ärzte, Philosophen, Alchemisten etc.) waren zugleich Astrologen. Die Hand galt als Abbild der planetarischen Einflüsse auf den Menschen, und die Hügel und Finger, ja in der Tat sämtliche Teile der Handfläche wurden astrologisch zugeordnet.

In neuerer Zeit haben medizinische Forschung, Anthropologie und Verhaltenswissenschaften einen Zusammenhang zwischen der Entwicklung der Hände und des Gehirns hergestellt, und astrologische Bezüge erscheinen inzwischen veraltet.

In diesem Buch erwähne ich zwar die alten Begriffe, nutze aber der Einfachheit halber die aussagekräftigere zeitgemäße Terminologie (siehe Kapitel 2: Die faszinierenden Finger, Seite 36–55). Der Mittelfinger wurde früher zum Beispiel »Saturnfinger« genannt. Uns modernen Menschen sagt dies meist wenig, denn wer weiß schon noch, dass Saturn für einen starren, ernsten Charakter steht? Die moderne Bezeichnung »Mauerfinger« versteht dagegen jeder: Ist er besonders lang, sehen wir gleich einen in Konventionen eingemauerten Charakter vor uns, zementiert in Verantwortungsgefühlen, einen Stützpfeiler der Gesellschaft.

Darum verwende ich in diesem Buch ausnahmslos die modernen Metaphern.

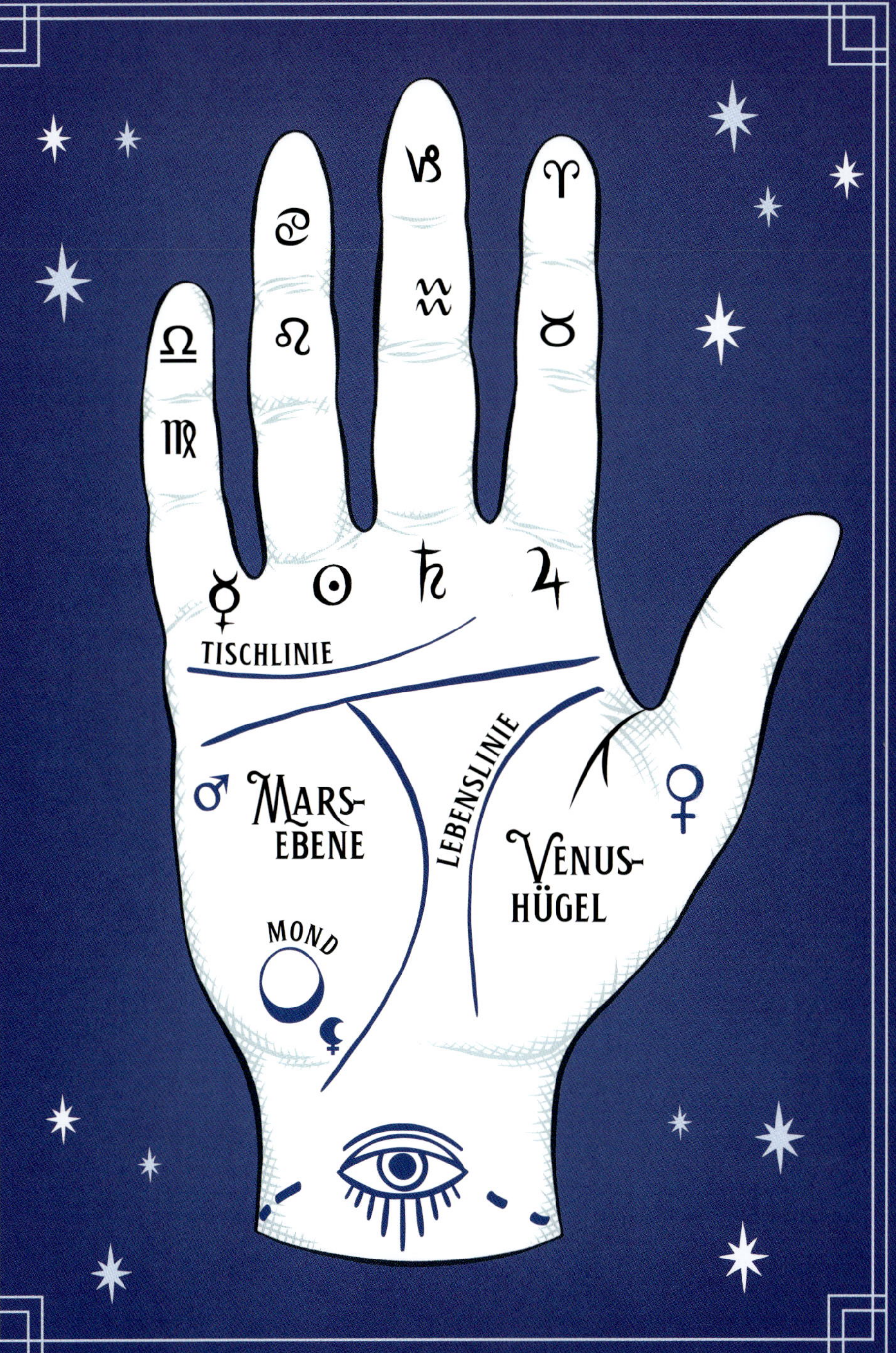
TISCHLINIE
MARS-
EBENE
LEBENSLINIE
VENUS-
HÜGEL
MOND

FÜNF GOLDENE REGELN

Bitte beachte stets diese fünf Regeln des Handlesens:

1

SCHLIESSE NIE VON EINEM EINZELNEN ZEICHEN AUF DEN CHARAKTER INSGESAMT. EIN MENSCH IST DIE SUMME ALLER IN DER HAND ABGEBILDETEN QUALITÄTEN

2

EGAL, WAS ICH HIER SCHREIBE, NIMM MICH NIE BEIM WORT. SUCHE NACH HINWEISEN UND ZEICHEN IN VERSCHIEDENEN HÄNDEN UND PRÜFE, WELCHE DEUTUNGEN FÜR DICH STIMMEN.

3

ALLES, WAS DU IN EINER HAND SIEHST, HAT SOWOHL POSITIVE ALS AUCH NEGATIVE ASPEKTE.

4

FIXIERE DICH NICHT AUF KLEINE FÄLTCHEN, KREUZE ODER ANDERE MARKIERUNGEN. SIE SIND LÄNGST NICHT SO WICHTIG WIE HAUTBESCHAFFENHEIT UND FINGERLÄNGE.

5

ÜBE, ÜBE, ÜBE.

1

DIE GRUNDLAGEN

AKTIVE UND PASSIVE HAND

Schauen wir uns als Erstes die Unterschiede zwischen beiden Händen an. Deine Schreibhand nennt man die »aktive« und die andere die »passive« Hand.

Die aktive Hand zeigt die entfaltete, reife, expressive, nach außen hin sichtbare Persönlichkeit. In der passiven Hand spiegeln sich die tieferen, verborgenen, noch nicht entwickelten Persönlichkeitsanteile. Betrachtet werden immer beide, und in der Deutung kommt es vor allem auf die Unterschiede an.

Die aktive Hand lässt sich mit einem Kollegen oder einer Bekannten vergleichen; die passive eher mit dem Menschen, der sich uns offenbart, nachdem wir geheiratet und zehn Jahre zusammengelebt haben, und dessen Stimmungen, tiefsten Ängste und Träume wir kennen.

Die passive Hand ist oft reicher an Prägungen und Zeichen als die aktive; Themen aus der Kindheit und aus frühen Entwicklungsphasen sind hier deutlicher zu sehen. Je mehr sich beide Hände voneinander unterscheiden, desto größer ist die Differenz zwischen äußerer und innerer Persönlichkeit und desto umfassender sind die Entwicklung und der Wandel, den dieser Mensch im Laufe seines Lebens durchläuft. Nie sind wir in unserer Persönlichkeit nur aktiv oder nur passiv. Wir befinden uns vielmehr auf dem Weg vom einen zum anderen. Während der Kindheit ist die passive Hand aussagekräftiger, während der Jugend die aktive, aber beim Handlesen werden immer beide betrachtet.

So könnte zum Beispiel eine massive Unsicherheit, die in der passiven Hand zu sehen ist, den überaus ehrgeizigen Menschen antreiben, der aus der aktiven Hand zu dir spricht. Solche tieferen Motivationen kannst du nur erkennen, wenn du auf die Unterschiede zwischen beiden Händen achtest.

DAUMEN UND VENUSHÜGEL

Den »Hügeln« – also den gepolsterten Bereichen rings um den Handteller, die für die treibenden Kräfte im Leben eines Menschen stehen – wurde in der Chiromantie früher geradezu zwanghafte Beachtung geschenkt. Mittlerweile gilt nur noch der Venushügel als bedeutsam. Daumen und Venushügel werden oft auch als »Motor der Hand« bezeichnet. Hier erfährst du, was sie bedeuten und wie du sie misst.

DER DAUMEN

Der Daumen steht für Selbstkontrolle und dafür, wie sehr ein Mensch sich selbst im Griff hat. Je stärker und steifer er ist, desto mehr hält der Mensch an seinen Vorstellungen fest und desto besser setzt er seine Ziele durch. Umfasse den Daumen und biege ihn sanft nach hinten Richtung Handgelenk. Ist er steif und unbeweglich, spricht das für starke Selbstkontrolle, ein hohes Maß an Selbstdisziplin und eine ausgeprägte Erfolgsorientiertheit. Ist er beweglich und lässt sich leicht nach hinten biegen, gehört er einem, der sich im Leben leicht vom Kurs abbringen lässt. Dieser Mensch schnuppert lieber an Rosen, als sich hart voranzutreiben, und ist wahrscheinlich in einem beruflichen Umfeld unterwegs, in dem Konkurrenzdenken eine untergeordnete Rolle spielt.

DER VENUSHÜGEL

Der Venushügel ist die fleischige Muskelmasse an der Daumenwurzel (bis hin zur Lebenslinie). Er steht für das physische Leistungspotenzial eines Menschen. Um seine Größe zu bestimmen, drückst du ihn mit deinem Daumen und Zeigefinger zusammen. Fühlst du einen großen, prallen, elastischen Muskel, spricht das für sehr viel Energie, Unermüdlichkeit und ein hohes Durchhaltevermögen. Häufig anzutreffen ist dies bei Leuten, die gern Sport treiben und immer in Bewegung sind.

Bei einem normalen Maß an Energie ist der Venushügel relativ gut entwickelt, aber etwas weich. Fühlt er sich schlaff und weich an, sind die Energievorräte begrenzt, und die betreffende Person ermüdet leicht. Leistungssport wird von solchen Menschen eher gemieden.

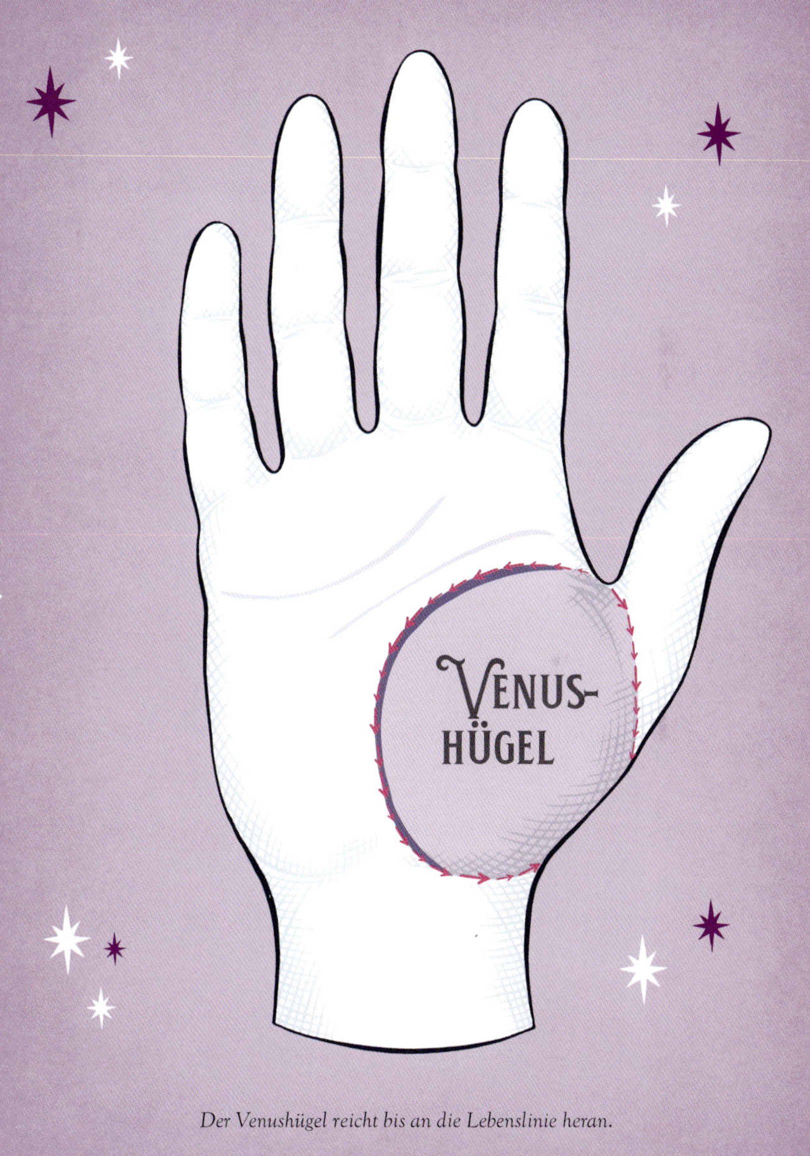

Der Venushügel reicht bis an die Lebenslinie heran.

DIE VIER HANDFORMEN

Der erste Schritt beim Analysieren einer Hand ist die Bestimmung der Handform. Zunächst aber ein paar Informationen zur Bedeutung der Finger und der Handfläche in der Chiromantie.

Die Finger stehen für die spekulativen, analytischen Aspekte des vorderen Stirnlappens des Gehirns. Je länger sie sind, umso mehr bewegt sich der Mensch im Abstrakten und Analytischen. Um die Fingerlänge zu bestimmen, misst du die Länge des Mittelfingers (auf der Handinnenseite) von der Basis bis zur Spitze. Entspricht die Länge nur einem Dreiviertel der Handtellerlänge oder weniger, gelten die Finger als kurz. Misst sie sieben Achtel der Handtellerlänge oder mehr, sind sie lang.

Die Handfläche spiegelt die älteren, tieferen, ursprünglicheren Gehirnareale, die unser physisches und instinktives Verhalten steuern. Ist sie im Verhältnis zu den Fingern groß, stehen Themen wie Überleben, Sicherheit, ein Heim sowie die eher praktischen, materiellen Aspekte des Lebens im Vordergrund.

Je breiter die Hand, desto mehr interagiert diese Person mit der Außenwelt und übt Kontrolle über sie aus. Je schmaler die Hand, desto mehr Einfluss haben äußere Kräfte und desto größer ist die Anpassungsfähigkeit.

Es ergeben sich vier mögliche Kombinationen:

Breite Hand, kurze Finger (Schildkröte – Erde); schmale Hand, kurze Finger (Tiger – Feuer); breite Hand, lange Finger (Habicht – Luft); schmale Hand, lange Finger (Schlange – Wasser). Manchmal ist die Form schwer zuzuordnen, weil die Handkante gerundet ist oder die Finger mittellang sind. Ist das der Fall, überspringst du das Thema in deinem Reading und gehst gleich weiter zum nächsten.

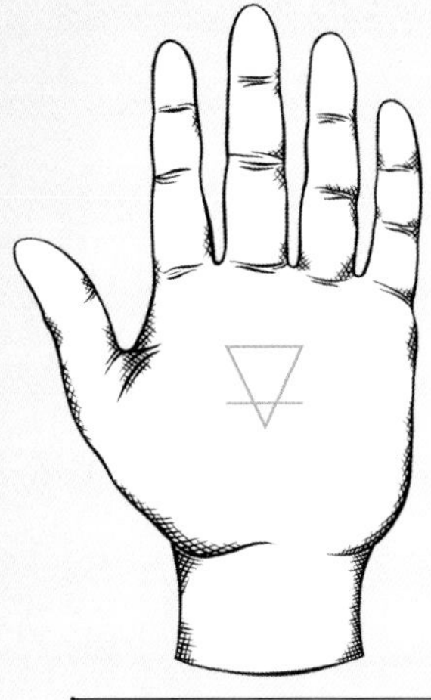

DIE SCHILDKRÖTE • ERDE

Breite Hand, kurze Finger

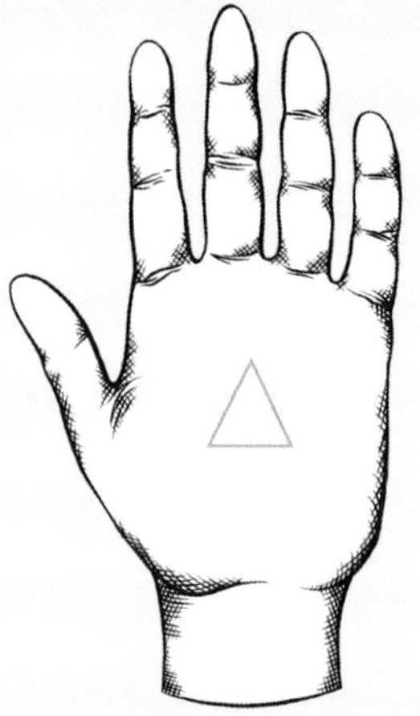

DER TIGER • FEUER

Schmale Hand, kurze Finger

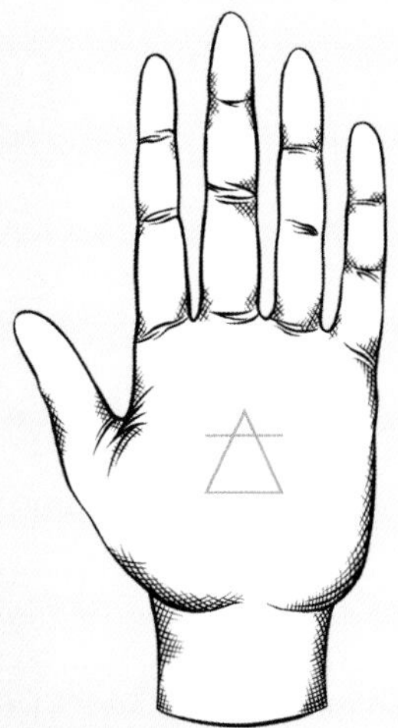

DER HABICHT • LUFT

Breite Hand, lange Finger

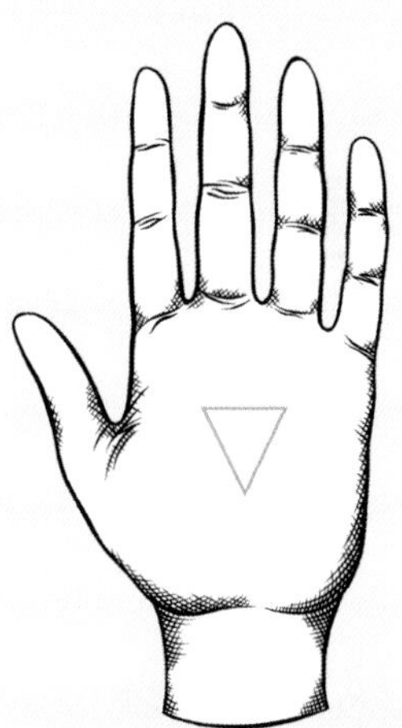

DIE SCHLANGE • WASSER

Schmale Hand, lange Finger

DIE SCHILDKRÖTE

ERDE

Erdhände sind klein, quadratisch, solide und grobknochig mit kurzen Fingern.

POSITIVE ASPEKTE

Zuverlässig, stark, praktisch, beständig, bodenständig

NEGATIVE ASPEKTE

Stur, langsam, skeptisch; scheut Abenteuer

Der Schildkröten-Typ ist eher untersetzt, stämmig und kräftig. Die kurzen Finger und die breite Hand deuten auf eine Abneigung hin, sich mit abstrakten Zusammenhängen auseinanderzusetzen. Die Stärken liegen in der physischen Welt. Dies ist eher ein Macher als ein Denker.

Unter den vier Typen ist er der am praktischsten veranlagte. Man findet ihn in Berufen, in denen es auf körperliche Ausdauer, Kraft, Geschicklichkeit und praktisches Können ankommt.

Schildkröten sind von Natur aus vorsichtig, achten aufs Geld, schätzen die Familie und langfristige Beziehungen. Heim und Herd stellen sie über alles, Oberflächlichkeiten hassen sie, Bekanntes und Vertrautes lieben sie. Exotischem begegnen sie mit Skepsis. Die Ferien verbringen sie lieber in der Heimat, als irgendwohin weit weg zu fliegen.

Tradition und Geschichte sind diesen Menschen wichtig. Sie sind extrem loyal, bodenständig und solide, nennen die Dinge beim Namen und neigen nicht zu Was-wäre-wenn-Spekulationen.

Die Schildkröte hat einen dicken Panzer, hinter dem sie sich verschanzt und ihre Gefühle verbirgt. Mitunter ist sie stur und phlegmatisch. Was ihr Leben betrifft, so sind Schildkröten-Typen äußerst vorsichtig. Hetzen lassen sie sich nicht, und nie stellen sie Ehrgeiz vor Sicherheit. So wie wir die Erde unter unseren Füßen meist kaum beachten, wirken Schildkröten im Verborgenen, um unverzichtbare Jobs zu erledigen: zu bauen, instand zu halten, zu helfen, zu pflegen. Sie halten die Welt am Laufen, bleiben dabei aber selbst oft ungesehen und ungewürdigt.

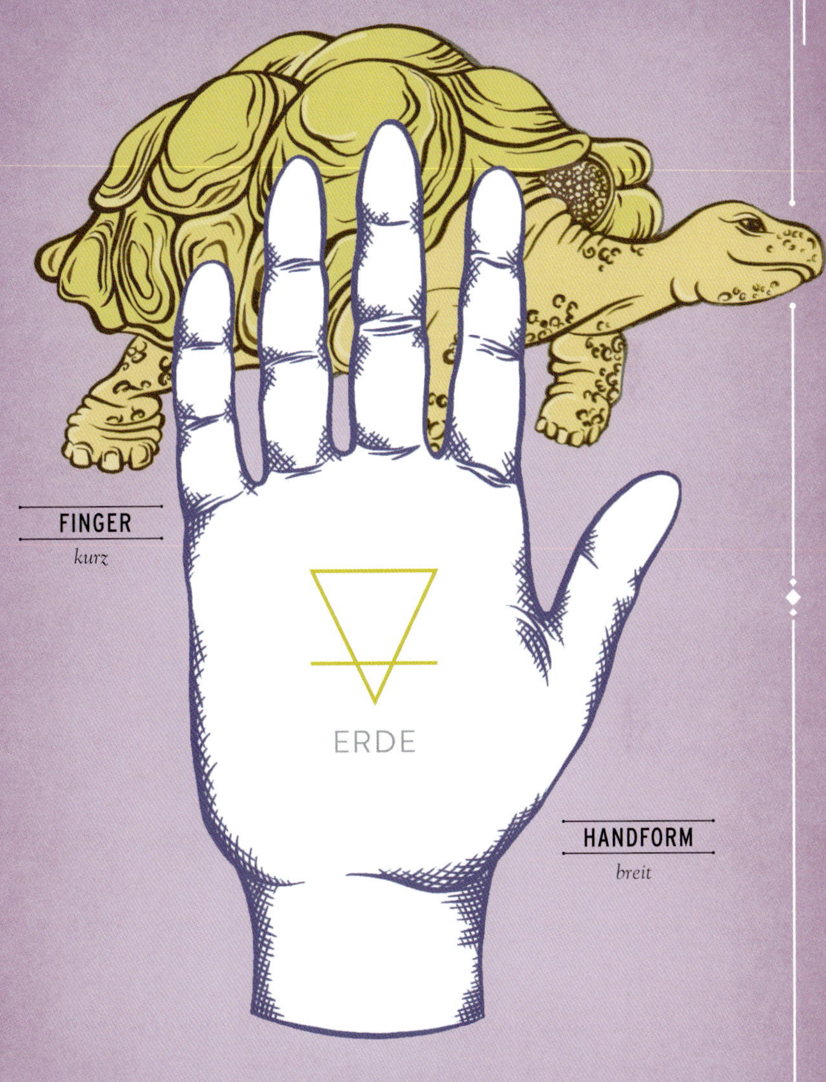

SCHLÜSSELWÖRTER

Vorsichtig, langsam, auf Sicherheit fixiert, stark, starr, schwer, tief, loyal, ausdauernd, ungekünstelt, Überlebenskünstler, Bunker, Heim und Heimat

DER TIGER

FEUER

Feuerhände sind rechteckig mit kurzen Fingern.

POSITIVE ASPEKTE

Dynamisch, zielorientiert, selbstaktivierend und hoch motiviert

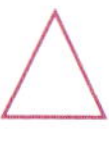

NEGATIVE ASPEKTE

Ungeduldig, unsympathisch, konkurrenzorientiert und aufbrausend

Der Tiger-Typ wird von der Energie des Feuers getrieben und entflammt entsprechend schnell und heiß, was ihn stets aus der Masse hervorhebt. Sein Körperbau ist drahtig oder muskulös. Die Handfläche ist rechteckig (aber breiter als die Wasserhand), und die Finger sind kurz (aber länger als bei der Erdhand). An Informationen hält sie gerade lange genug fest, um den Handlungsimpuls zu spüren. Diese Hände fühlen sich in der Regel warm an, und die Finger sind steif, was auf einen dynamischen, reaktionsschnellen Menschen hindeutet.

Der Tiger ist ständig auf Jagd, er ist konkurrenzorientiert, ergreift gern die Initiative und treibt die Dinge voran. Er ist bereit zu studieren, aber nicht lange genug, um eine Fähigkeit oder Fertigkeit zu erwerben, die ihn voranbringen oder ihn zum Erfolg führen könnte. Ungeduld ist seine Schlüsseleigenschaft, und er hat wenig Verständnis für langsamere, vorsichtigere Leute. Ziel des Tigers ist, was immer ihn gerade antreibt. Mit erlittenen Verlusten und Errungenschaften hält er sich nicht lange auf; stets hat er schon das nächste Ziel im Kopf.

Menschen dieses Typs können manchmal etwas oberflächlich sein. Sie haben keine Angst, Risiken einzugehen, denn sie betrachten sie als unumgänglich, um etwas zu erreichen. Tiger findet man in Lebensbereichen, die von Action, Glamour, Aufregung und Drama geprägt sind.

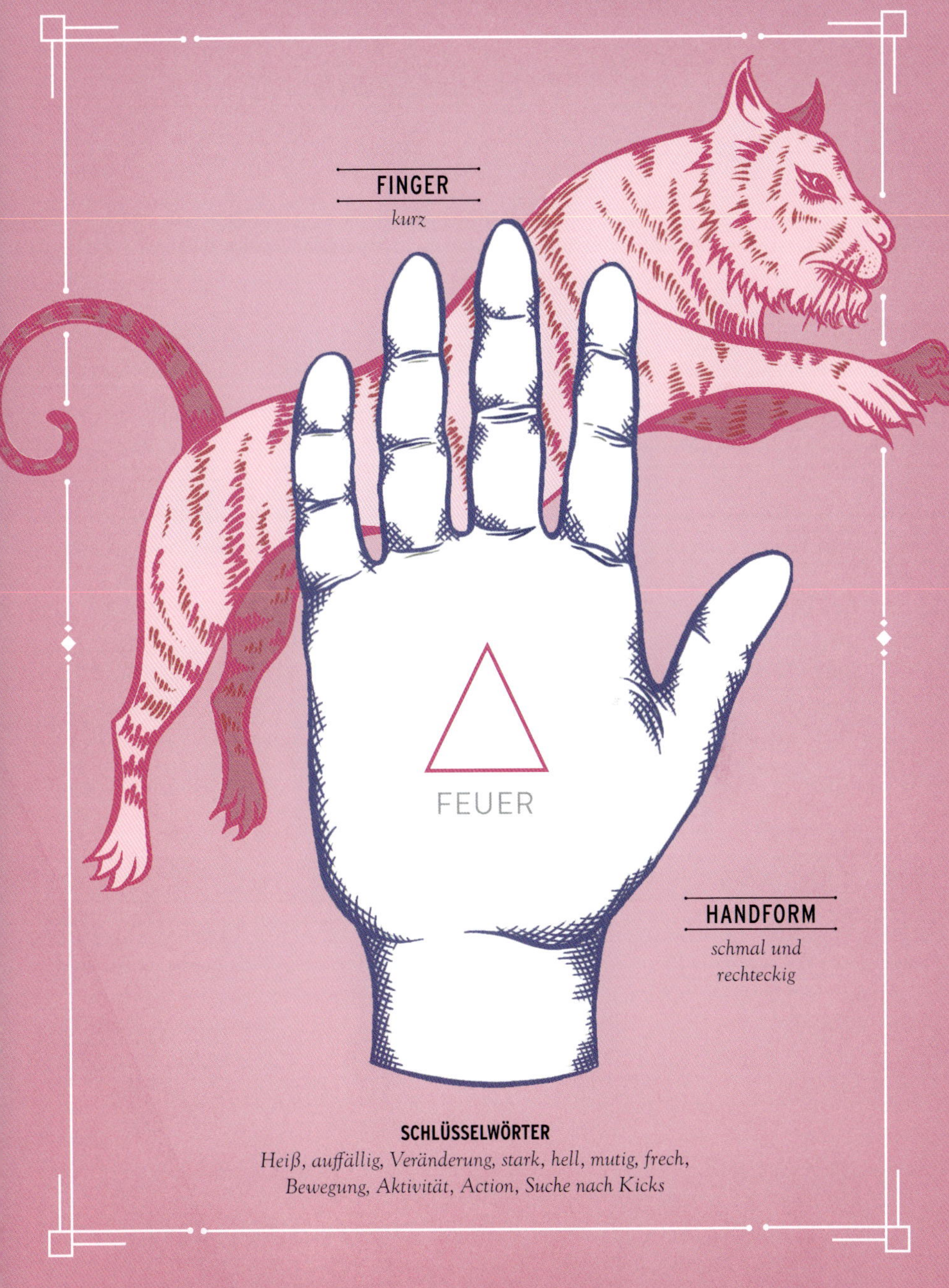
FINGER
kurz
FEUER
HANDFORM
schmal und rechteckig
SCHLÜSSELWÖRTER
Heiß, auffällig, Veränderung, stark, hell, mutig, frech, Bewegung, Aktivität, Action, Suche nach Kicks

DER HABICHT

LUFT

Lufthände sind groß und feingliedrig mit quadratischer Handfläche und langen Fingern.

POSITIVE ASPEKTE
Originell, humorvoll, rational und wortgewandt

NEGATIVE ASPEKTE
Sarkastisch, kritisch, aufrührerisch und abgehoben

Der Habicht-Typ ist normalerweise groß und schlank. Der quadratische Handteller verleiht ihm einen praktischen Bezug, und die langen Finger stehen für jemanden, der sich lange und gern im Reich der Gedanken aufhält. Menschen dieses Typs lieben die Freiheit, und wenn man sie in ein allzu enges Pflichtkorsett zwängt, ziehen sie sich oft in eine Fantasie- und Wunschwelt zurück.

Der Habicht-Typ ist entweder dauernd auf Reisen oder entwirft große Pläne und Projekte. Als lebenslang Lernender ist er unentwegt mit Lesen, Denken und Studieren beschäftigt. Er baut viele Luftschlösser und setzt, wenn er redet, gern seine Hände ein, als würde er mit den Flügeln schlagen, um seine Botschaft zu verbreiten.

Menschen mit Habicht-Hand sind oft Freiberufler und finden intelligente Lösungen, um sich im Beruf Freiheit und Freiräume zu schaffen. Beides suchen sie auch in Beziehungen, aber oft tun sie sich mit einem erdverhafteten Schildkröten-Typ zusammen, der ihrem ständig aktiven Gehirn Bodenhaftung, Stabilität und Routine bringt.

Der Habicht-Typ hat einen großartigen Sinn für Humor. Ironie ist eine seiner Schlüsseleigenschaften. Er liebt es, zu diskutieren, zu argumentieren, zu debattieren und zu lehren, und er tut es bei jeder Gelegenheit.

SCHLÜSSELWÖRTER

Leicht, luftig, weitblickend, nobel im Geiste, gelassen, nachdenklich, reflektiert, rational, Ideen, Ideale, theoretisch

DIE SCHLANGE

WASSER

Wasserhände sind schmal mit langen Fingern. Die Handfläche ist rechteckig, und die Finger sind normalerweise sehr flexibel.

POSITIVE ASPEKTE
Mitfühlend, hilfsbereit und sensibel

NEGATIVE ASPEKTE
Versponnen, depressiv, launisch und passiv

Man spricht vom Schlangen-Typ, weil diese Menschen dem Leben mit besonderer Flexibilität und Anpassungsfähigkeit begegnen. Es sind tiefgründige, zum Dramatischen neigende Seelen mit einem Hang zum Geheimnisvollen, zum Träumen, zu Kunst und Fantasie und zur Weltflucht.

Sie wirken oft rätselhaft, ihre Bewegungen haben etwas Fließendes, Sinnliches, und sie sind fasziniert von Beziehungen, Gefühlen, den inneren Welten und den Reaktionen anderer. Beziehungen stehen im Fokus ihres Weltbilds, und sie schlängeln sich ins Herz von anderen, indem sie ganz und gar auf deren Bedürfnisse eingehen.

Wasser ist empfänglich für alles, was mit ihm in Berührung kommt, und kann seine Form ändern, um Hindernisse zu umfließen. So ist auch die anpassungsfähige, ungeformte Natur der Schlange, die sich in ihrem Wesen flexibel an die Gegebenheiten anzupassen versteht. Theater und Tanz gilt ihre besondere Liebe. Statt die Welt logisch zu erfassen, lässt sie sich von ihrer Intuition leiten. Sie ist offen für das Reich des Unbewussten und der Imagination, und ihre Interessen liegen eher im Spirituellen, Künstlerischen und Darstellerischen oder in Betreuung und Pflege als im Rationalen und Praktischen.

Menschen dieses Typs zieht es oft in die Schattenwelten wahrsagerischer und magischer Praktiken – die Welt von Kristallkugeln, Wicca-Kult, Aberglauben und Tarot.

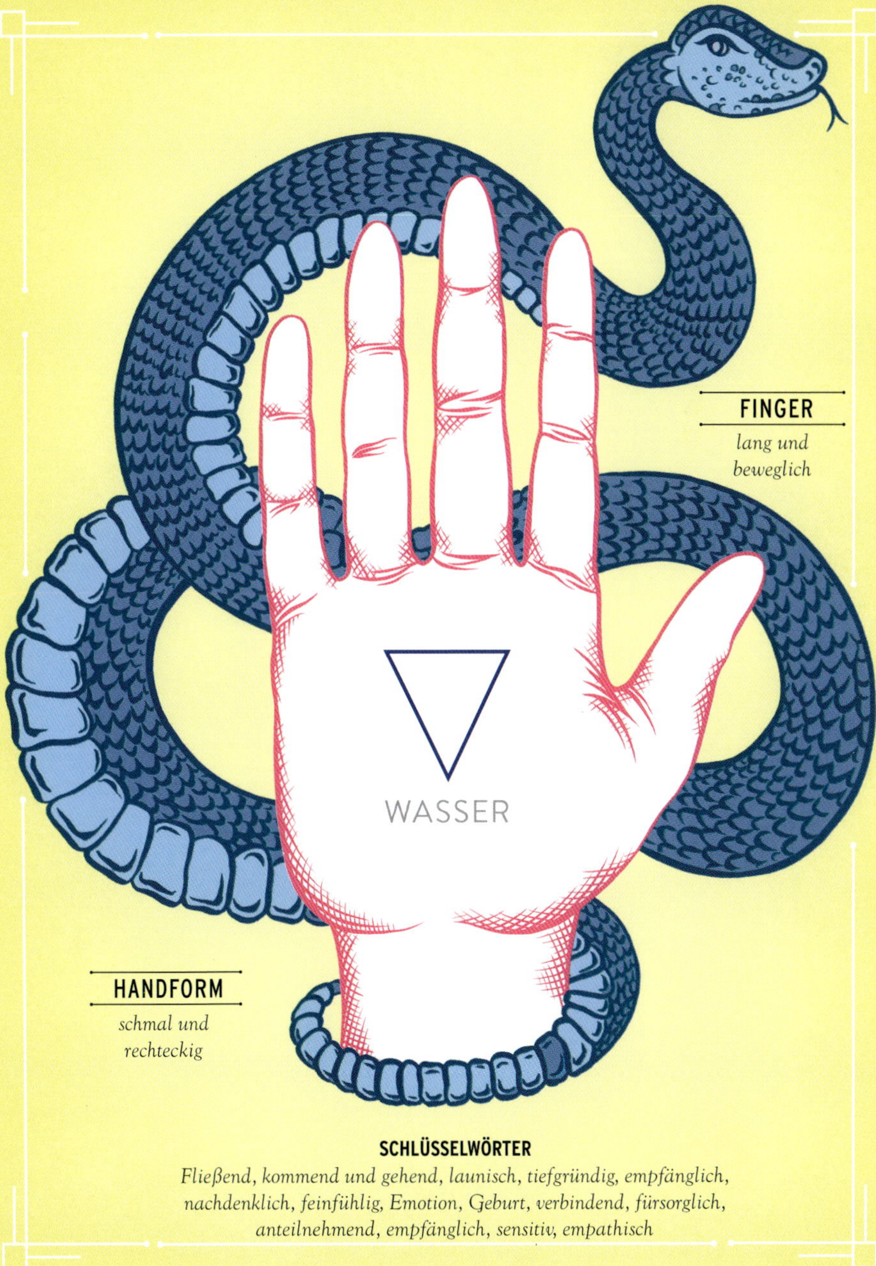

SCHLÜSSELWÖRTER

Fließend, kommend und gehend, launisch, tiefgründig, empfänglich, nachdenklich, feinfühlig, Emotion, Geburt, verbindend, fürsorglich, anteilnehmend, empfänglich, sensitiv, empathisch

DIE VIER QUADRANTEN

Durch die Einteilung der Hand in vier Bereiche, die jeweils in direkter Verbindung zum Gehirn stehen, wird das Deuten der Zeichen im Handteller wesentlich leichter.

Die Quadranten entsprechen vier verschiedenen Bewusstseinsebenen, die allein ausschlaggebend für die Deutung der darin befindlichen Zeichen und Linien sind. Für eine korrekte Einteilung ziehst du mit dem Lineal eine senkrechte Linie von der Mitte des Mittelfingers bis hinunter zu der kleinen Kuhle in der Mitte der Handwurzel (über dem Karpaltunnel). Die Querlinie dazu beginnt auf halber Höhe zwischen Daumen und Zeigefingeransatz und endet auf halber Höhe zwischen Handwurzel und Ansatz des kleinen Fingers.

So erhältst du vier (unterschiedlich große) Felder: Unmittelbar am Daumen liegt der **Primärquadrant,** der für Heim, Körper und Familie steht. Ihm gegenüber ist der **Meeresquadrant,** der für das Meer des Unbewussten steht – Träume, Spiritualität und Intuition. Unterhalb des kleinen Fingers befindet sich der **Weltquadrant,** in dem es um andere Menschen und die öffentliche Bühne geht, und unterhalb des Zeigefingers liegt der **Turmquadrant,** in dem persönliche Macht und Selbstwahrnehmung im Vordergrund stehen.

Wenn du einen Handabdruck anfertigst (siehe Seite 114–115), gewöhne dir an, die Quadranten einzuzeichnen, bis du die Einteilung so verinnerlicht hast, dass du ihre Grenzen immer vor Augen hast. Manchmal ist ein Quadrant ungewöhnlich groß, was auf eine natürliche Dominanz des jeweiligen Lebensbereichs schließen lässt.

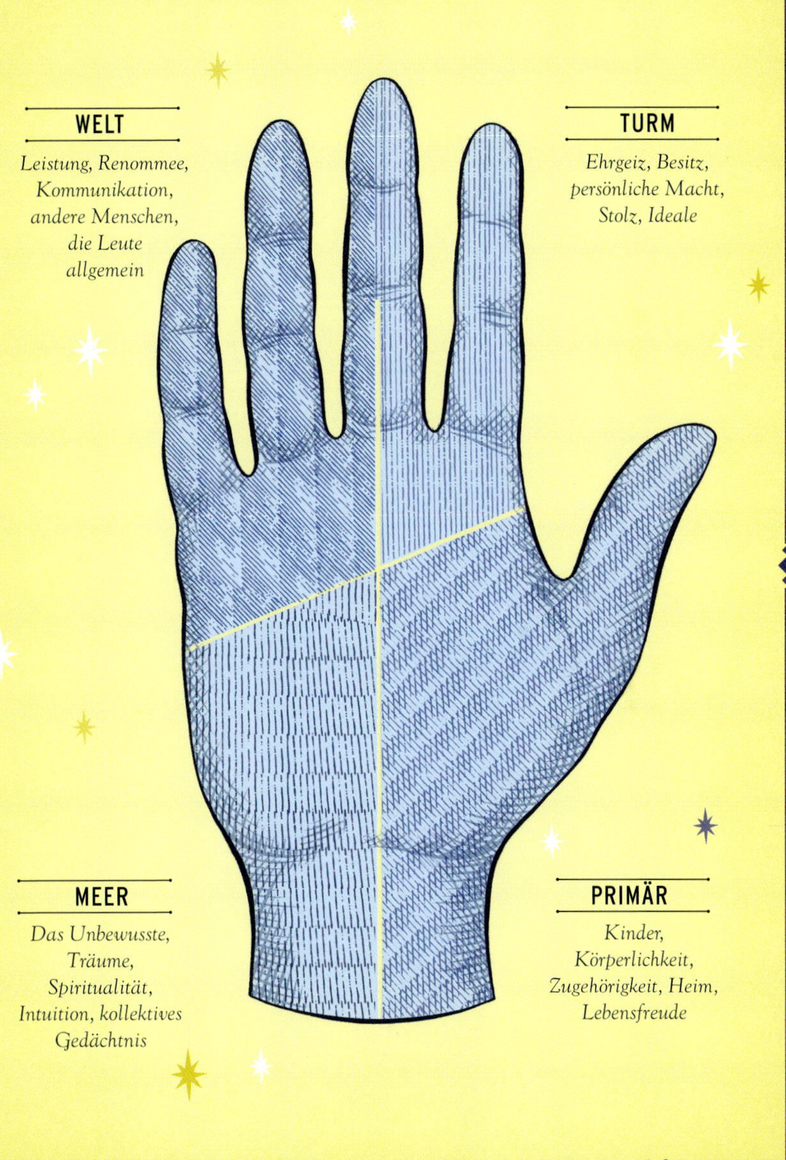
WELT
Leistung, Renommee, Kommunikation, andere Menschen, die Leute allgemein
TURM
Ehrgeiz, Besitz, persönliche Macht, Stolz, Ideale
MEER
Das Unbewusste, Träume, Spiritualität, Intuition, kollektives Gedächtnis
PRIMÄR
Kinder, Körperlichkeit, Zugehörigkeit, Heim, Lebensfreude

HAUTBESCHAFFENHEIT UND PAPILLARLINIEN

Die Beschaffenheit der Haut an der Handinnenfläche zu begutachten ist entscheidend für ein Reading, da diese eine Menge über einen Menschen verrät.

Die Haut an der Handinnenseite ist von unzähligen feinen sogenannten »Papillarlinien« oder »Hautleisten« durchzogen. Nirgends am Körper befinden sich so viele Nervenenden auf so dichtem Raum wie hier. Die verschiedensten winzigen Sensoren leiten Empfindungsreize ans Gehirn weiter: Berührung, Wärme, Schmerz, Feuchtigkeit usw. Wie die Haut hier beschaffen ist, lässt also darauf schließen, wie komplex, empfindsam und bewusst ein Mensch gegenüber der äußeren Welt ist und in welchem Umfeld er sich höchstwahrscheinlich bewegt.

Je feiner, weicher und glatter die Haut, desto enger liegen die Papillarlinien beieinander und desto komplexer und empfindsamer ist die Person. Je härter, rauer oder gröber die Haut, desto weiter liegen die Papillarlinien auseinander und desto unempfindlicher ist sie für die sie umströmenden Energien.

Anders als man gemeinhin denkt, verdickt sich die Haut zwar durch manuelle Tätigkeiten, die Dichte der Papillarlinien aber verändert sich nicht (auch wenn es zur Hornhautbildung kommt).

Fahre mit der Zeigefingerspitze deiner aktiven Hand (also deiner empfindsamsten Fingerspitze) sanft über die Haut in der passiven Hand deines Klienten. Ist sie verhornt, suche dir eine Stelle, an der die Haut frei zu tasten ist. Natürlich ist die Haut von Mensch zu Mensch unterschiedlich und reicht von ultrafein bis sehr rau. Um sich das Leben zu erleichtern, teilen Chiromanten sie darum in vier Stufen aufsteigender Härte ein: Seide, Pergament, körnig und grob.

SEIDE

◆ Seidige Haut ist sehr fein, superglatt, weich und zart. Die Papillarlinien sind mit der Fingerspitze nicht zu tasten.

◆ Die Handflächen sind in der Regel von vielen feinen, spinnennetzartigen Linien überzogen, und die Haut fühlt sich empfindlich an.

◆ Menschen mit seidiger Haut sind extrem empfindlich und spüren jede Temperaturveränderung oder Stimmungsschwankung bei anderen. Wenn sie einen Raum betreten, wissen sie gleich, ob es hier zuvor einen Streit oder eine andere Störung gegeben hat.

◆ Leute dieses Typs sind geborene Mimosen.

◆ Sie meiden Konflikte, scharfe Chemikalien und harsche Umweltbedingungen und arbeiten oft in Berufen, in denen ihre Sensibilität gefragt ist.

PERGAMENT

◆ Pergamenthaut fühlt sich trocken an und ist fein strukturiert. Die Papillarlinien sind gerade eben tastbar.

◆ Manchmal ist die Haut leicht gelblich.

◆ Die Hand ist von vielen Längslinien durchzogen.

◆ Menschen dieses Hauttyps sind empfindsam, werden aber von ihrer Sensibilität nicht überwältigt.

◆ Sie sprechen stark auf visuelle, verbale und mentale Reize an.

◆ Man findet diese Menschen überall dort, wo es auf geistige, nicht aber körperliche Flexibilität ankommt. Sie sind schnell im Denken und halten ihre Emotionen unter der Oberfläche.

KÖRNIG

◆ Die Papillarlinien der körnigen Haut sind gut zu sehen und leicht tastbar.

◆ Die Handlinien sind tief und rot.

◆ Menschen mit körniger Haut sind oft sehr beschäftigt und können viel Bewegung und Aktivität vertragen.

◆ Dies ist kein Typ, der groß reflektiert oder zur Nabelschau neigt, aber er ist sehr gut darin, ohne großes Aufheben zu machen, was gemacht werden muss.

GROB

◆ Grobe Haut ist hart und rau und beim Tasten sehr eindeutig zuzuordnen.

◆ Sie ist nur von wenigen Linien durchzogen, aber diese sind tief eingegraben.

◆ Grobe Haut ist unempfindlich. Kälte macht ihr nichts aus, und kleine Kratzer oder Schnitte spürt sie kaum. Menschen dieses Hauttyps hassen es, zu lange im Haus eingesperrt zu sein. Es zieht sie hinaus in die Natur. Sie haben gern mit Tieren und natürlichen Materialien zu tun.

◆ Ihre Ausdauer ist übermenschlich, und sie lieben es zu arbeiten, zu reparieren und zu bauen, aber über ihre Emotionen sprechen sie nur selten (wenn überhaupt).

2

DIE FASZINIERENDEN FINGER

ÜBERBLICK

In den vergangenen Jahren wurden von Anthropologen und Wissenschaftlerinnen Zusammenhänge zwischen den Fingern und Persönlichkeitsmerkmalen hergestellt, und für die Chiromantie haben sich daraus faszinierende neue Einsichten ergeben. Ob ein Finger ein wenig länger oder kürzer als normal oder auf bestimmte Weise gebogen ist, zeigt sich deutlich im Charakter. Worauf du bei einem Reading vor allem achten solltest, ist die Länge der Finger im Verhältnis zueinander, wie gerade sie sind und wie biegsam. In diesem Kapitel arbeiten wir mit den modernen Begriffen und Zuordnungen.

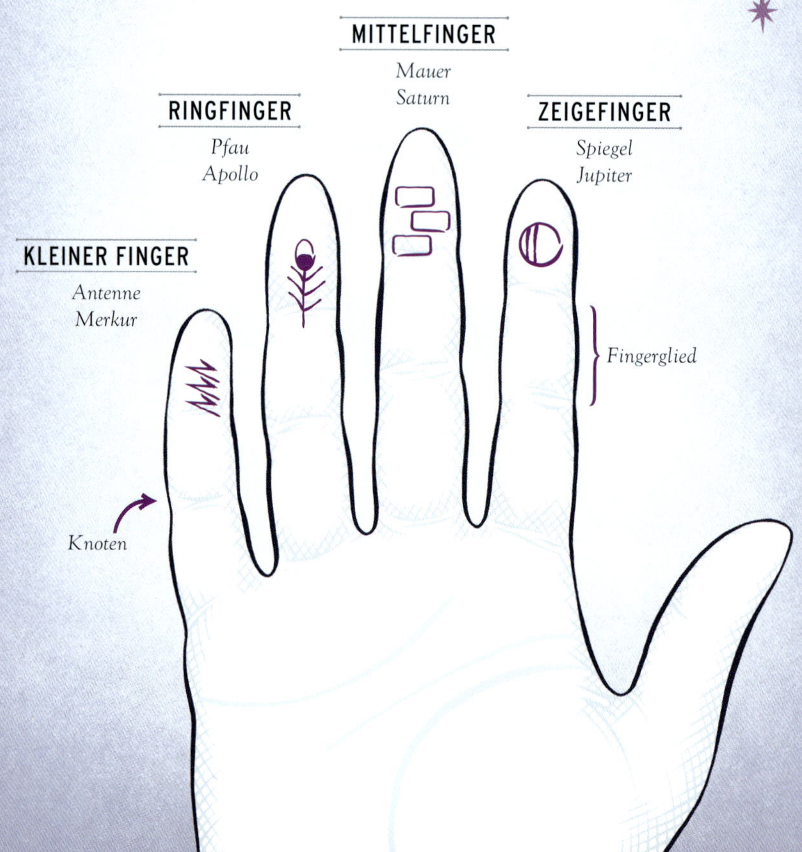

DEUTUNG UND METAPHERN

KLEINER FINGER

Herrscherplanet: Merkur
Stichworte: Kommunikationsfähigkeit, Erkennen von Zeichen, Sprachtalent, Geschicklichkeit, Hörvermögen, Sexualität
Moderne Metapher: Antenne

RINGFINGER

Herrscherplanet: Apollo
Stichworte: Sinn für Außenwirkung, Streben nach Aufmerksamkeit, kreativer Drive, Risikobereitschaft, Extravaganz, Können, Hang zum Drama
Moderne Metapher: Pfau

MITTELFINGER

Herrscherplanet: Saturn
Stichworte: Beziehung zu Gesellschaft und Tradition, Konformität, Pflichtgefühl, Werte, Grenzen, Schwere, familiäre Verpflichtungen
Moderne Metapher: Mauer

ZEIGEFINGER

Herrscherplanet: Jupiter
Stichworte: Selbstbewusstsein, Selbstreflexion, Ego, Stolz, Ehrgeiz, Kontrollbedürfnis
Moderne Metapher: Spiegel

FINGERGLIEDER

Dies sind die drei fleischigen, rechteckigen Abschnitte, in die die Finger unterteilt sind. Normalerweise sind sie einigermaßen gleich groß; manchmal ist das Grundglied (am Handteller) sehr viel größer oder kleiner als das Mittel- und Endglied. Ein großes Grundglied deutet auf Sinnlichkeit, Lust am Genuss und Unmäßigkeit hin; ist es klein und kümmerlich, verweist es eher auf das Gegenteil: einen Asketen, der auf alle fleischlichen Genüsse verzichtet.

KNOTEN

Die Fingergelenke sind in der Regel relativ glatt. Sind sie geschwollen und vergrößert, spricht man traditionell von »Denkerknoten«. Sie bringen einen forschenden, gründlichen Geist hervor, als wären sie ein Sieb, das von mentaler Energie durchströmt wird und möglichst alle Antworten herausfiltern soll. Knoten deuten auf Intelligenz und ein pedantisches Bedürfnis nach Genauigkeit.

C
D
B
A
E
F
tiefer
Ansatz

FINGERLÄNGE

Lang oder kurz ist ein Finger immer nur im Verhältnis zu den anderen. Ist der Zeigefinger der passiven Hand besonders lang oder kurz, sagt das viel über prägende Kindheitserfahrungen aus. Ist er an der aktiven Hand lang oder kurz, zeigt das, dass das Thema beruflich umgesetzt und ausgelebt wird.

Der Spiegelfinger wird gemessen, indem man seine Länge mit der des Pfauenfingers vergleicht. Am einfachsten ist es, bei senkrecht gestellter Hand ein Lineal an die Spitze des Pfauen- und Spiegelfingers anzulegen. Damit der Mauerfinger nicht im Weg ist, biegst du ihn etwas nach hinten. Wenn das Lineal zum Daumen hin abfällt, ist der Spiegelfinger kurz **(A)**. Steigt es zum Daumen hin an, ist der Spiegelfinger lang **(B)**. Durchschnittlich (also unauffällig) ist seine Länge, wenn er etwa 3 mm kürzer als der Pfauenfinger ist und du eine minimale Neigung hin zum Daumen siehst.

Das Endglied des Mauerfingers ragt normalerweise zur Hälfte über die Spitze des Pfauen- und Spiegelfingers hinaus. Legst du das Lineal an, siehst du sofort, ob mehr als das halbe Glied vorsteht und der Mauerfinger damit lang ist **(C)**. Steht es weniger als die Hälfte über, gilt er als kurz **(D)**.

Um die Länge des Antennenfingers zu bestimmen, schaust du, ob er über die Knicklinie am Endglied des benachbarten Pfauenfingers hinausreicht. Ist dies der Fall, ist er lang, reicht er nicht bis dorthin, ist er kurz **(E)**. Manchmal ist der Antennenfinger niedrig angesetzt, was die Sache komplizierter macht, denn dann mag er kurz aussehen, beginnt aber nur weiter unten an der Handfläche. Schau, ob der Ansatz des Antennenfingers mit der ersten Knicklinie des Pfauenfingers auf einer Höhe liegt. Falls ja, ist er niedrig angesetzt **(F)**. In diesem Fall rechnest du einen Zentimeter zur Spitze hinzu und schaust, bis wohin sie dann reicht.

Unflexible Lebenseinstellung
Durchschnittlich, nicht relevant
Offen, spontan und frei
0
10
20
30
40
50
60
70
80
90

FLEXIBILITÄT

Wie biegsam die Finger sind, ist ein wichtiges Merkmal, das auf die geistige Beweglichkeit und Offenheit eines Menschen schließen lässt. Zur Bestimmung der Flexibilität greifst du um das Handgelenk deines Klienten und biegst ihm mit der anderen Hand alle Finger zurück. Lassen sie sich 30 bis 40 Grad zurückbiegen, ist es unauffällig und sagt nicht viel über ihn aus. Oft lassen sich die Finger aber auch um bis zu 90 Grad oder so gut wie gar nicht zurückbiegen.

Finger, die sich kaum zurückbiegen lassen, deuten auf eine hohe, langfristige Stressbelastung hin und sind ein Indiz für starre Denkprozesse und einen Mangel an Spontanität. Starre Finger stehen für festgefügte Ansichten und eine Neigung zum Neinsagen. Für jemanden, der sich an strikte Verfahrensregeln zu halten hat, mag das von Vorteil sein. Generell aber spricht es für eine inflexible Lebenseinstellung.

Sind die Finger sehr beweglich und lassen sich um 60 Grad und mehr zurückbiegen, deutet das auf einen impulsiven Charakter hin. Dieser Mensch ist spontan und frei und wunderbar empfänglich für die verschiedensten neuen Ideen. Sein Geist ist offen und fantasievoll. Diese besondere Flexibilität kann aber auch ein Hinweis auf jemanden sein, der mental etwas sprunghaft ist und sich üblicherweise weder an einmal geäußerte Ansichten oder Meinungen noch an Strukturen hält.

SPIEGELFINGER

Der Spiegelfinger offenbart, wie du dich selbst siehst, und zeigt dein Maß an Stolz, Ehrgeiz und Selbstbewusstsein, deine persönliche Vision und das Bedürfnis, dich mit den eigenen Werten und Qualitäten in die Welt einzubringen. Kontrolle, Eigenwert und persönliche Verantwortung werden ebenfalls damit in Verbindung gebracht.

LANG

Ist der Spiegelfinger lang (und ragt er nur ein winziges bisschen über den Pfauenfinger hinaus), deutet das auf ein starkes Kontrollbedürfnis hin. Aktive Hand: ein klassisches Zeichen für Ehrgeiz, Rechthaberei und Perfektionismus, gepaart mit massiver Versagensangst. Passive Hand: eine Kindheit, die von verfrühtem, extremem Ich-Bewusstsein, früher Reife und vorzeitigem Pflichtbewusstsein geprägt war.

KURZ

Ist der Spiegelfinger deutlich kürzer als der Pfauenfinger, zeugt das von einem verminderten Selbstwert und tiefen Unzulänglichkeitsgefühlen. Je kürzer er ist, desto eingeschränkter der Selbstausdruck und desto stärker die Neigung, sich als Opfer statt als Autor des eigenen Lebens zu sehen. Auch mangelnde Selbstreflexion und unglückliche Lebensentscheidungen werden hiermit in Zusammenhang gebracht. Es besteht eine Aversion gegen große Verantwortung, ja sogar eine gewisse Angst davor. Passive Hand: Mangelnde Unterstützung während der Kindheit, wenig persönliche Macht und unzulängliches Individualitätsbewusstsein. Vorzug eines schwachen Spiegelfingers ist aber, dass man sich selbst nie allzu ernst nimmt. Aktive Hand: Dieser Mensch lässt sich leicht von einer stärkeren Persönlichkeit dominieren.

GEBOGEN

Die Biegung geht immer Richtung Mauerfinger und deutet auf eine Neigung zum Konformismus hin. Es besteht das Gefühl, dass persönliche Macht und Bedeutung nur von anderen oder einer Autorität gewährt werden kann. Oft anzutreffen bei der zuverlässigen Nummer zwei in einem Unternehmen, der es an Durchsetzungskraft fehlt, um selbst Chef zu sein.

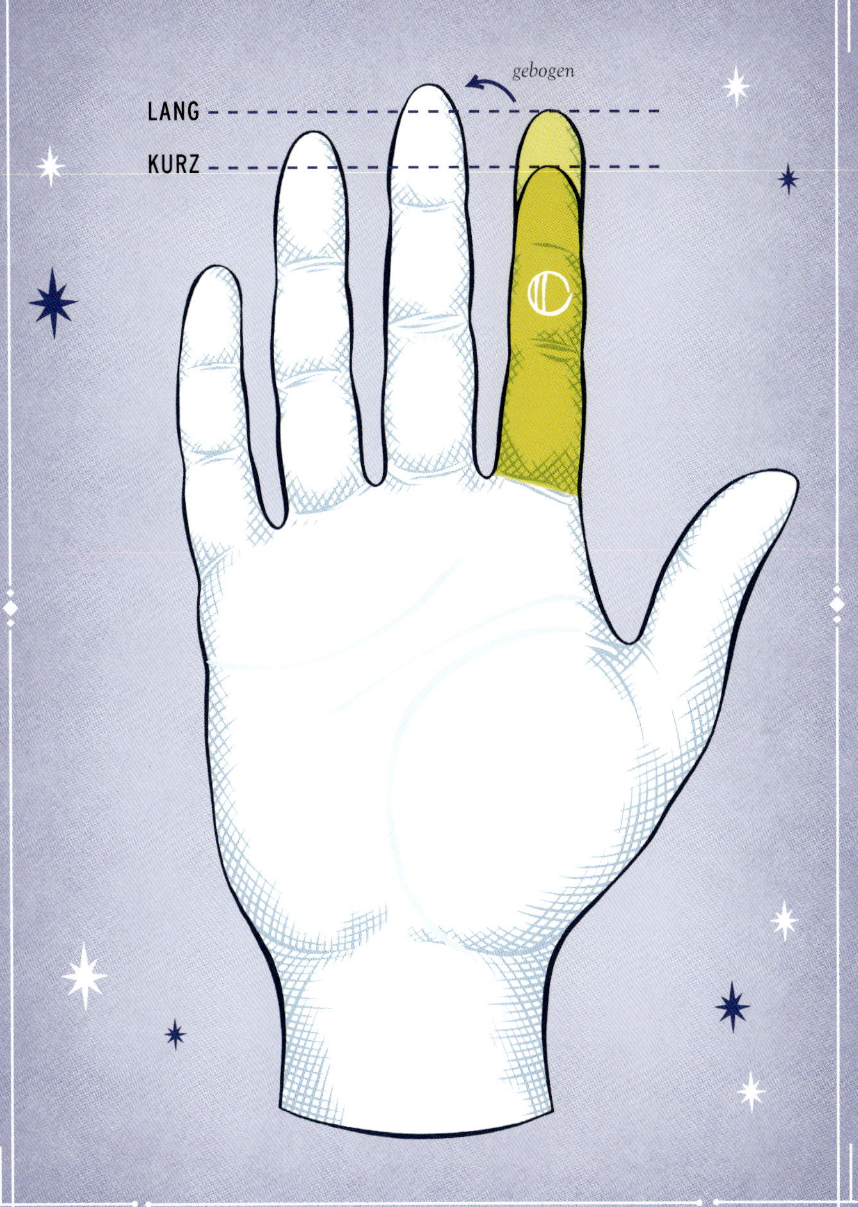
gebogen
LANG
KURZ

MAUERFINGER

Dies ist der längste Finger. Er steht für Normalität, Stabilität, Werte und Ausgewogenheit und repräsentiert die Grenzen, Karrierewege und mentalen Konstrukte, die uns im Leben ein Gefühl von Alltäglichkeit geben. Lebensstil, Berufswahl, Familie, Konventionen, Regeln, Autorität und kulturelle wie religiöse Werte werden ebenfalls mit diesem Finger in Verbindung gebracht.

LANG

Aktive Hand: Ein besonders langer Mauerfinger ist Zeichen für berufliche Strebsamkeit. Man findet es bei Menschen, deren Arbeit komplexes, detailliertes, mit vielen Qualifikationen und Zeugnissen nachgewiesenes Wissen erfordert. Es deutet immer auf charakterliche Strenge.
Passive Hand: Indiz für einen verstaubten, altmodischen familiären Hintergrund, in dem traditionelle oder religiöse Werte massiv durchgesetzt wurden.

KURZ

Ein kurzer Mauerfinger steht für eine tiefe Abneigung gegenüber Regeln und Einschränkungen. Die Träger sind oft Rebellen und Aussteiger. Viele leben außerhalb ihres Geburtslandes, sind zutiefst unkonventionell und hassen es, sich nach Normen zu richten. Es handelt sich um kreative, anarchistische Individualisten, die innovative Wege finden, um »ihr Ding« zu machen und für sich eine alternative Lebensweise zu verwirklichen.
Passive Hand: Ein Zeichen für jemanden, dem die Eltern früher keine Grenzen gesetzt haben.

GEBOGEN

Die Biegung geht immer Richtung Pfauenfinger und steht für die Schwierigkeit, andere Menschen richtig einzuschätzen oder in Geld- und Karrierefragen gute Entscheidungen zu treffen. Man findet das Zeichen häufig bei Menschen, die sich den Beschränkungen eines konventionellen Lebens zu entziehen versuchen und bei denen Spaß und Spiel im Leben höchste Priorität genießen.

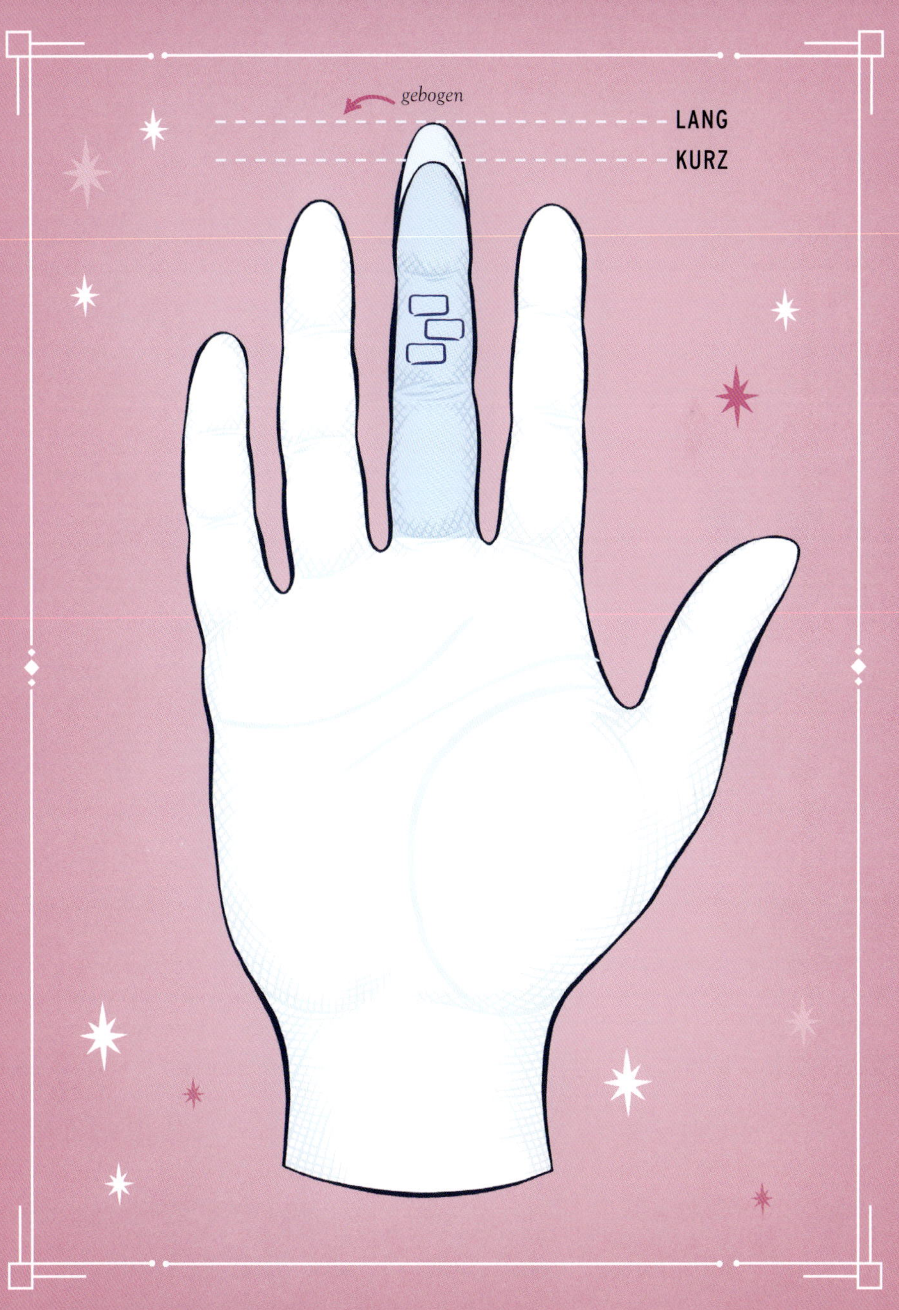
gebogen
LANG
KURZ

PFAUENFINGER

Dieser Finger ist das Maß für die *persona* – also die äußere Fassade – eines Menschen. Psychologisch repräsentiert er den tief in uns verankerten Instinkt, uns im uralten Wettbewerb um den gewünschten Partner attraktiv in Szene zu setzen. Hier geht es um alle Aspekte unseres Darstellungstriebs vom Entfalten besonderer Fähigkeiten über Kunst, Ästhetik und kreativen Ausdruck bis hin zum Erbringen von sportlichen Höchstleistungen, dem Eingehen von Risiken und den Spaß an der Freud.

LANG

Ein langer Pfauenfinger deutet auf ein starkes Bedürfnis nach Selbstausdruck hin. Dieser Mensch will sich von der Masse abheben. Man findet ihn bei Selbstdarstellern aller Art, Künstlerinnen, Schauspielern usw. Passive Hand: Das Bedürfnis, im Mittelpunkt zu stehen, zeigte sich bereits während der Kindheit und wird aktiv im Beruf ausgelebt. Oft wird hiermit ein mangelndes Selbstwertgefühl kaschiert, das in dem (im Vergleich zum Pfauenfinger) schwachen Spiegelfinger zum Ausdruck kommt.

KURZ

Bei einem kurzen Pfauenfinger wird das Bedürfnis nach Respekt, Stolz, persönlicher Kontrolle und Integrität (Mittelfinger-Werte) weit über den Wunsch nach reiner Popularität gestellt. Die Kreativität und der künstlerische Ausdruck werden hiervon nicht beeinträchtigt. Es gibt jedoch enge Grenzen dafür, wie weit der Betreffende gehen wird, um erfolgreich zu sein.

GEBOGEN

Die Biegung geht immer Richtung Mauerfinger und ist ein Zeichen dafür, dass bei diesem Menschen die Freude am Leben und der Selbstausdruck stets hinter dem Pflichtgefühl und den Anforderungen von Arbeit und Familie zurückstehen müssen. Solche Menschen können einen regelrechten Märtyrerkomplex entwickeln und müssen sehr hart arbeiten, um zu rechtfertigen, dass sie auch mal ein bisschen Spaß haben dürfen.

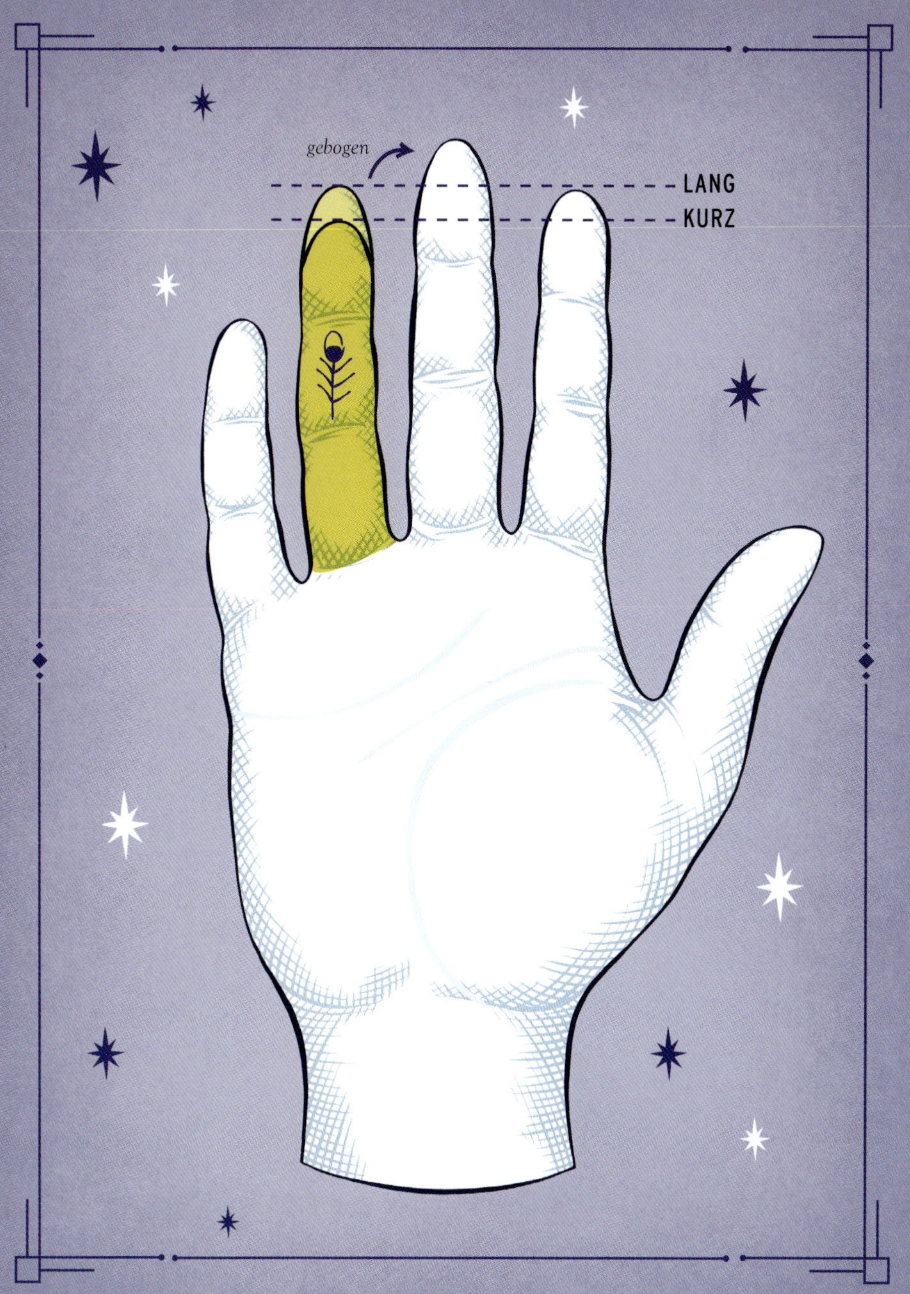
gebogen
LANG
KURZ

ANTENNENFINGER

Der kleine Finger steht mit dem neurolinguistischen Bereich des Gehirns in Verbindung. Hier geht es um Kommunikationstalent, Geschicklichkeit, Witz, Sprachtalent, Sexualität und Diplomatie.

LANG

Dies ist Zeichen für die Begabung, Signale und Informationen zu empfangen und effizient zu kommunizieren. Eine lange Antenne verweist auf eine Liebe zu Worten, Sprachtalent, Witz und Ironie sowie eine fantasievolle Sexualität. Passive Hand: Dieser Mensch hat bereits früh das Lesen und Schreiben gelernt. Aktive Hand: Die Chancen, auf den Gebieten Verkauf, Marketing, Verlagswesen, Schreiben, Lehren und Produzieren etwa von Radio- und TV-Beiträgen erfolgreich zu sein, sind deutlich verbessert.

KURZ

Zeichen für einen, der die Dinge knapp oder direkt formuliert. Wortkargheit sowie ein Mangel an Eloquenz und Witz sind ebenso typisch wie das Unbehagen gegenüber Sarkasmus und Ironie. Der Humor dieses Menschen ist eher plump als subtil. Passive Hand: Möglicherweise gab es während der Kindheit Probleme beim Schreibenlernen.

NIEDRIGER ANSATZ

Bei Kindern ist der Antennenfinger immer niedrig angesetzt. Erst die Sexualhormone Testosteron und Östrogen, mit denen der Körper bei Einsetzen der Pubertät geflutet wird, schieben ihn weiter nach oben. Bei etwa 20 Prozent der Menschen geschieht dies jedoch nicht, und der Finger wächst nie in seine eigentliche Position hinein. Die emotionale Reife ist hierdurch etwas verzögert, ebenso das Interesse an Sprache und am Lernen. Dies ist ein klassisches Zeichen für einen Menschen, der erst später im Leben seine Liebe fürs Lernen entdeckt.

GEBOGEN

Die Biegung geht immer Richtung Pfauenfinger und gilt traditionell als Zeichen für einen, der Worte so zu verdrehen versteht, dass sie die gewünschte Wirkung entfalten – ein Charmeur oder Diplomat.

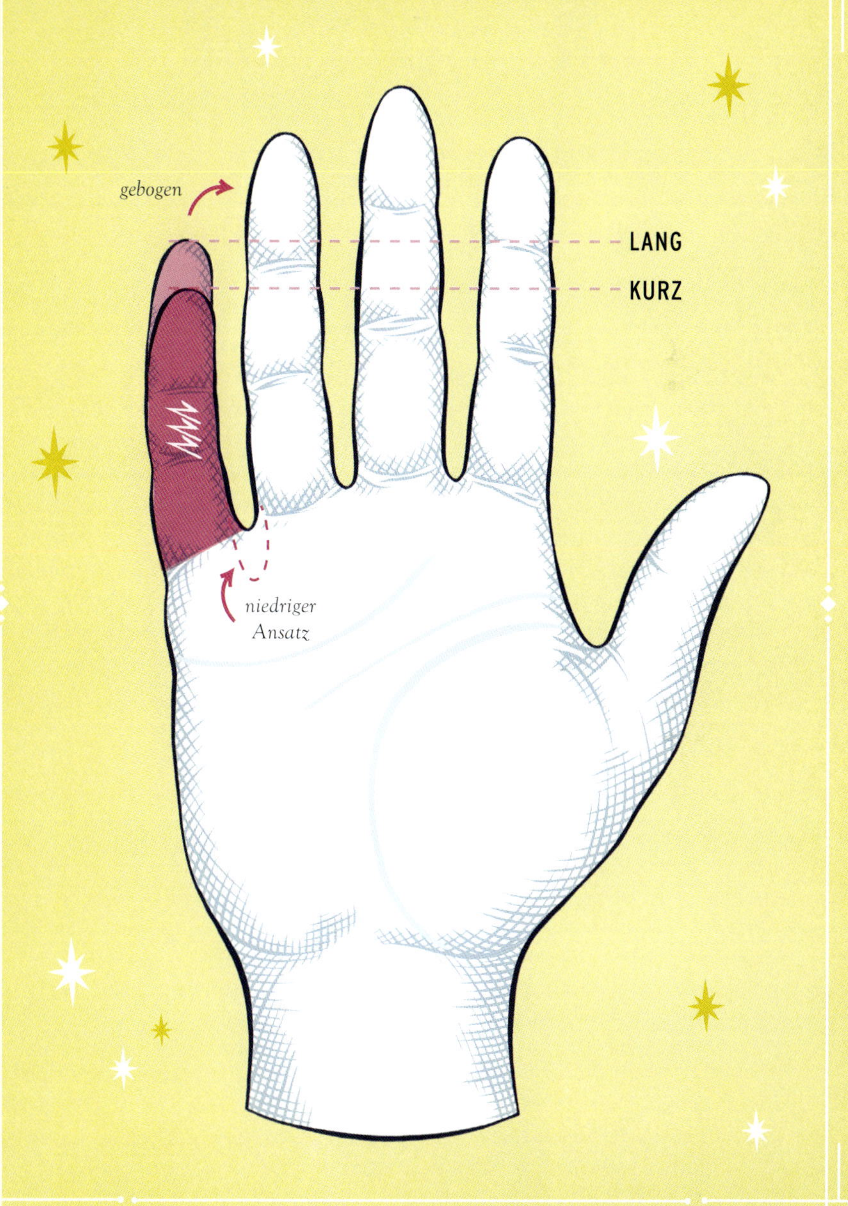
gebogen
LANG
KURZ
niedriger
Ansatz

FINGERABDRÜCKE

Fingerabdrücke werden erst seit relativ kurzer Zeit in die Deutung der Hände einbezogen. Dass sie von der Polizei als Merkmal zur Personenidentifizierung genutzt werden, ist seit Langem bekannt. Neu ist die Erkenntnis, dass sie auch etwas über die individuelle Veranlagung eines Menschen aussagen.

An der Beere von Finger und Daumen ist jeweils ein ganz bestimmtes Linienmuster eingeprägt. Obwohl auf der ganzen Welt kein Fingerabdruck wie der andere ist und es immer winzige individuelle Variationen gibt, unterscheidet man sechs Grundmuster: ulnare Schleife, Wirbel, einfacher Bogen, radiale Schleife, spitzer Bogen und Mischformen.

Die ulnare Schleife (die sich zum Antennenfinger hin öffnet) ist das häufigste und damit »normale« Muster (ca. 70 Prozent aller Fingerabdrücke weltweit) und damit für uns weniger interessant. Findet sich aber eines der fünf nicht so stark verbreiteten Muster, kann uns dies wichtige Hinweise liefern. Fingerabdrücke sind wie kleine Gehirnwellen-Diagramme, die zeigen, auf welche Weise die Gedanken das Gehirn durchströmen. Sie verraten nicht, was der Mensch denkt, sondern wie er denkt und Informationen verarbeitet. Dabei spielt auch der Finger eine Rolle, auf der sich der Abdruck befindet. Prüfe immer, ob du einen interessanten Abdruck am Finger einer Hand, nicht aber am gleichen Finger der anderen Hand entdeckst. Das erlaubt wertvolle Rückschlüsse darauf, wie sich die innere und die nach außen gelebte Persönlichkeit unterscheiden.

ULNARE SCHLEIFE (LINKE HAND)

WIRBEL

Der Wirbel steht für Individualität. Er dreht sich in einem dichten Linienmuster ein, was auf ein obsessives Denkmuster hinweisen kann: Das Gedankenkarussell dreht sich.

◆ Daumen: erledigt Dinge gern allein, motiviert sich selbst und findet originelle Lösungswege.

◆ Spiegelfinger: Individualist, der Raum braucht und kein Gruppengefühl kennt. Privatsphäre und Geheimhaltung sind ihm wichtig.

◆ Mauerfinger: sucht nach nonkonformistischen Idealen und Philosophien.

◆ Pfauenfinger: künstlerische Originalität, extravaganter Geschmack und Kunstverstand.

◆ Antennenfinger: wählt gern einen Partner oder eine Partnerin aus einer anderen Altersgruppe, Kultur oder ethnischen Gruppe; neigt zu obsessiven Gedanken.

SCHLÜSSELWÖRTER

Erfinderisch, geheimniskrämerisch, originell

EINFACHER BOGEN

Der einfache Bogen sieht aus wie eine Serie von flachgedrückten Vs und steht für einen repressiven, pragmatischen, festgefügten Geist.

◆ Daumen: Entschlossenheit, Praxisbezogenheit und direkte Lösungsansätze.

◆ Spiegelfinger: ein zuverlässiger Mensch, dem Sicherheit über alles geht; Pragmatismus ist ein prägendes Merkmal.

◆ Mauerfinger: eine Obsession für Familie und Sicherheit; arbeitet meist in einem praktischen, sicheren, gut bezahlten Job.

◆ Pfauenfinger: ein Faible für Kunst und Kunsthandwerk; liebt das Einfache und die Natur; schult gern seine physische Geschicklichkeit.

◆ Antennenfinger: Zeichen für jemanden, der einen ausgesprochen körperbetonten, sexuell interessierten, leidenschaftlichen Partner braucht.

SCHLÜSSELWÖRTER

Sicherheitsliebend, zuverlässig, ein Fels in der Brandung

RADIALE SCHLEIFE (LINKE HAND)

Radiale Schleifen werden manchmal auch »Kümmerer-Schleifen« genannt, weil man sie oft bei Menschen findet, die sich um andere bemühen. Sie drehen sich andersherum als ulnare Schleifen, öffnen sich also zum Daumen hin.

◆ Daumen: eine Teamplayerin, die nichts verpassen will und sich in der Menge verlieren kann; Leistungen werden im Team vollbracht.

◆ Spiegelfinger: extreme Sensibilität für die Bedürfnisse anderer und starke Motivation, zu pflegen und zu versorgen, zu nähren und zu gefallen; Indiz für einen Menschen, der sich zu sehr bemüht, es anderen recht zu machen, und der leicht seine Identität einbüßen kann. Geht mit einer großen Empfindlichkeit gegenüber Kritik einher.

◆ Mauerfinger: besonderes Interesse an fremden Kulturen und Reisen; kann leicht in anderen Traditionen, Religionen oder Berufungen aufgehen.

◆ Pfauenfinger: will andere beeindrucken und auf keinen Fall als Stimmungsbremse gelten. Deutet auf einen Menschen hin, der nach außen hin immer fröhlich und gut gelaunt wirkt und dabei seine inneren Bedürfnisse unterdrückt.

◆ Antennenfinger: stellt die Bedürfnisse des Partners bzw. der Partnerin vor seine eigenen.

SCHLÜSSELWÖRTER

Hochgradig wachsam, sensibel und freundlich zu anderen

SPITZER BOGEN

Der spitze Bogen sieht wie ein kleiner Gipfel aus und deutet auf einen hochgradig erregbaren, innovativen und intensiven Charakter hin.

- Daumen: plötzliche Begeisterungsschübe, die sich sehr schnell ins Gegenteil verkehren und im Sand verlaufen können; Dinge werden in großen Energieausbrüchen vollbracht, die kommen und gehen.
- Spiegelfinger: eine dramatische Persönlichkeit, inspirierend, ein natürlicher Anführer; jemand, der neue Ideen sehr schnell aufgreift.
- Mauerfinger: sucht nach Aufregung im Leben, braucht eine Berufung und ist fasziniert von Transformationsprozessen auf der Basis neuer Formen sowie anderer Kulturen und Disziplinen.
- Pfauenfinger: Extravaganz, ein Faible für Verkleidungen; das Bedürfnis, sich von der Masse abzuheben.
- Antennenfinger: leidenschaftlich und erfinderisch in der Erotik; will experimentieren und offene Sexualität leben.

SCHLÜSSELWÖRTER

Enthusiastisch, dramatisch, charismatisch

MISCHFORMEN

Bei den Mischformen folgen die Linien einem gegenläufigen Muster, das sich mal in der einen, mal in der anderen Richtung dreht. Dies lässt auf einen schwankenden, unsicheren, niemals festgelegten Charakter schließen.

- Daumen: jemand, der nicht weiß, wie er seine Ziele erreichen kann: Mal schiebt er den Karren, mal zieht er ihn zurück.
- Spiegelfinger: betrachtet Probleme aus vielen verschiedenen Blickwinkeln; hat viel Verständnis für die Sichtweisen anderer.
- Mauerfinger: spürt die Notwendigkeit, zwei verschiedene Lebensstile zu verwirklichen.
- Pfauenfinger: liebt und ist offen für alle Formen von Kunst, kann aber nie seinen eigenen künstlerischen Ausdruck finden.
- Antennenfinger: kann sich nicht wirklich zu einem Partner bzw. einer Partnerin bekennen; muss sich immer alle Optionen offenhalten.

SCHLÜSSELWÖRTER

Unentschlossen, analytisch, zwiespältig

HERZLINIE
KOPFLINIE
LEBENSLINIE
SCHICKSALSLINIE

3

DIE HANDLINIEN

WAS DU WISSEN SOLLTEST

Inzwischen hast du sicher schon erkannt, dass es erst ans Deuten der Linien geht, wenn du dir schon mithilfe von Handform, Hautbeschaffenheit, Fingerlänge und Fingerabdrücken ein erstes Bild gemacht hast. Die Linien zu interpretieren ist nur dann sinnvoll, wenn du sie in diesen größeren Zusammenhang stellst.

Es gibt vier Hauptlinien: die Lebenslinie, die Herzlinie, die Kopflinie und die Schicksalslinie. In irgendeiner Form sind diese bei so gut wie jedem Menschen anzutreffen. Die Nebenlinien hingegen sind sehr viel schwächer ausgeprägt, unterscheiden sich stärker in ihrem Verlauf und sind oft gar nicht vorhanden (insbesondere bei grober Hautbeschaffenheit).

Die Linien bleiben nicht ein für alle Mal gleich, sondern verändern sich mit der Zeit. Im Lauf unseres Lebens wachsen sie, brechen ab und formieren sich neu.

Die Linien sind Energieflüsse, in denen sich die Vitalität eines Menschen spiegelt. Eine Hand, die von tiefen, roten, starken Linien durchzogen ist, lässt auf einen kräftigen, energiegeladenen, leidenschaftlichen Charakter schließen. Sind die Linien hingegen kritzelig, schwach, durchbrochen und kaum ausgebildet, fehlt es an Kraft. Bei den Trägern handelt es sich um komplexe, unentschlossene Charaktere.

Es ist wichtig, sich die Enden der Hauptlinien anzuschauen. Ihr Anfangspunkt im Handteller ist immer der gleiche, aber wo sie enden, ist individuell stark verschieden.

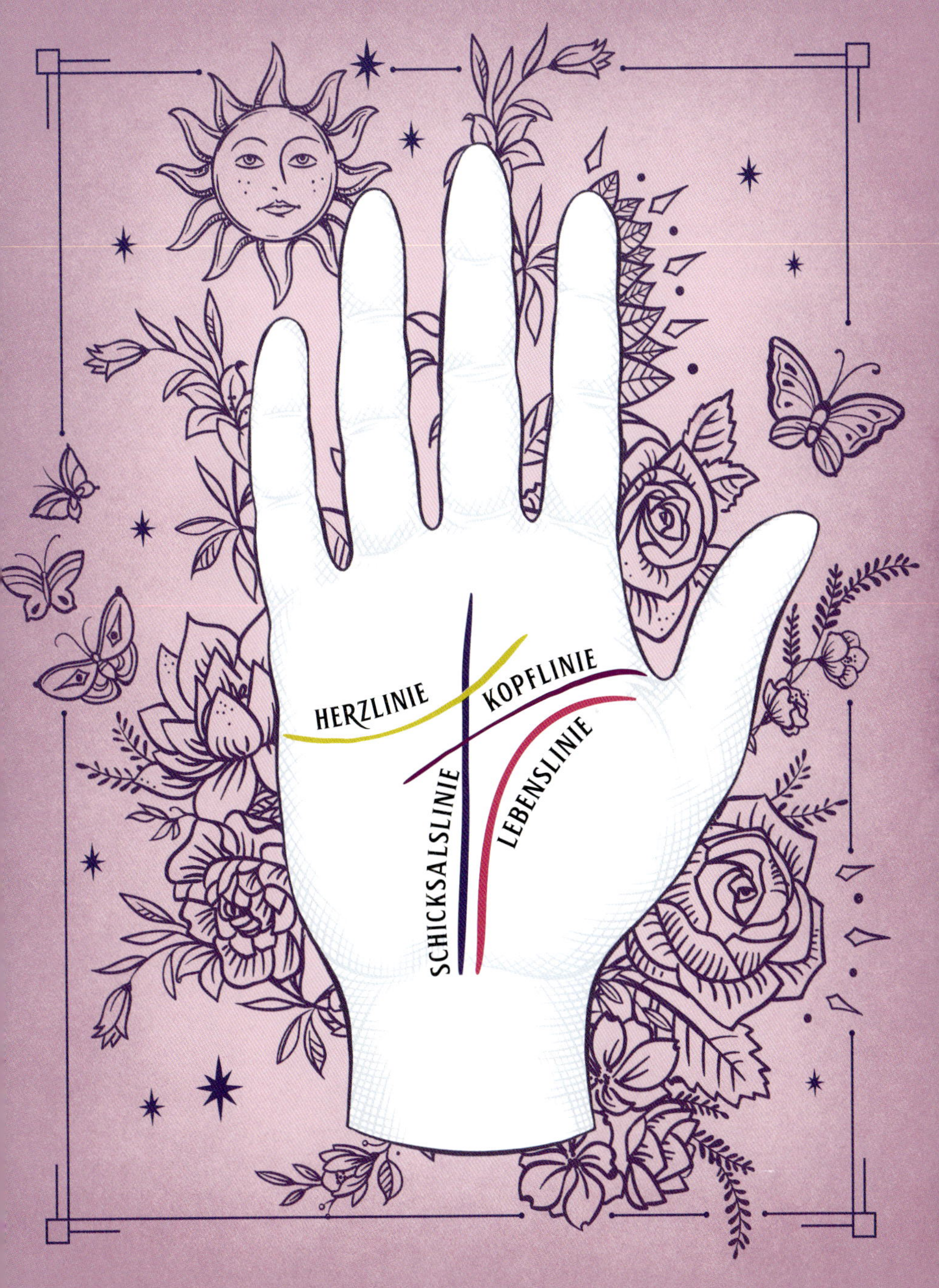
HERZLINIE
KOPFLINIE
LEBENSLINIE
SCHICKSALSLINIE

DIE BEDEUTUNG DER ZEIT

Insbesondere in zwei Lebensphasen kommt es zu physiologischen Veränderungen der Hand: während der Kindheit mit der Entwicklung des Gehirns und sehr viel später im Rahmen des Alterungsprozesses. Auch spiegelt sich in den Linien der Lebensverlauf insgesamt von Anfang bis Ende wider, und es lässt sich an ihnen eine grobe Chronologie wichtiger Ereignisse ablesen.

VERÄNDERUNGEN IM ZEITVERLAUF

Die Hände von Neugeborenen sind quadratisch, und die Finger sind sehr biegsam. Es zeigen sich nur wenige Linien, die jeweils ziemlich kurz sind.

Im Alter von sechs bis acht Jahren bilden sich die Grundformen der Hand heraus (Schildkröte, Tiger, Habicht oder Schlange). Die Zahl der Linien wächst, und die Haut nimmt ihre typische Beschaffenheit an (seidig, pergamentartig, körnig oder grob).

Bis zum 20. Lebensjahr haben die Finger ihre relative Länge zueinander erreicht, und der Verlauf der Hauptlinien hat sich meist stabilisiert.

Im Alter fangen die Finger an, sich nach innen zu neigen (Richtung Mauerfinger). Die Haut wird dünner (Tendenz: seidig), die Linien mehren sich, und die Finger versteifen sich merklich.

CHRONOLOGIE DER LEBENSEREIGNISSE

An den voll ausgereiften Linien eines Erwachsenen kann man grob den zeitlichen Verlauf der Lebensereignisse erkennen. Der Anfang aller Hauptlinien markiert den Lebensbeginn und ihr Ende den Abschluss des Zyklus.

Da die Lebenslinie immer in ihrem Bogen verläuft und höchstwahrscheinlich keine Segmente fehlen, eignet sie sich am besten zum Verfolgen der Chronologie. Siehst du zum Beispiel, dass von ihr etwa ein Viertel über dem Anfang eine Linie nach oben abzweigt (als der Betreffende etwa 25 Jahre alt war), hat er sich in diesem Alter sicher neu orientiert, beispielsweise indem er von zu Hause auszog, um zu studieren.

Vorsicht mit Voraussagen bezüglich des ersten Viertels der Linien bei Leuten unter 25. Es ändert sich noch zu viel, um wirklich etwas sagen zu können.

QUERENDE UND ÜBERLANGE LINIEN

Es kann vorkommen, dass eine der Hauptlinien die Handfläche von oben bis unten oder von einer Seite zur anderen durchquert. Dies ist ein äußerst seltenes, sehr bedeutsames Zeichen, das auf eine obsessive, festgefügte, intensive Persönlichkeit hinweist.

Gibt es einen starken Abzweig von der Lebenslinie, der den oberen Rand des Handtellers mit der Handwurzel verbindet, hast du es mit einem Gesundheitsfreak zu tun, der unbedingt der Fitteste, Stärkste und Perfekteste von allen sein will. Die Träger des Zeichens sind oft gute Kunden von Schönheitschirurgen; sie trainieren täglich stundenlang, betreiben Leistungssport oder praktizieren spezielle Ernährungsformen.

Wenn die Herzlinie quer über die Hand von einer Seite zur anderen reicht, ist das ein Indiz für einen einfühlsamen Menschen, der unentwegt gibt, sich kümmert und sich für eine Sache, einen anderen oder in einem pflegerischen Beruf bis zur Erschöpfung verausgabt. Ungeachtet ihres liebevollen Naturells leiden bei solchen Menschen hierunter oft die persönlichen Beziehungen, weil alle emotionale Energie in die Unterstützung anderer fließt.

Kreuzt die Schicksalslinie den Handteller von der Wurzel bis zum oberen Rand, besteht eine ausgeprägte Neigung zu arbeiten und zu dienen. Es ist Zeichen für ein übertriebenes Verantwortungsgefühl und deutet auf einen Menschen hin, dem ständig Pflichten und Verantwortlichkeiten aufgebürdet werden.

Eine Kopflinie, die von einer Seite zur anderen reicht, ist Indiz für einen überaktiven, leicht ablenkbaren Geist. Oft findet man sie bei hochintelligenten Menschen. Eine überlange Kopflinie wird mit ADHS und Legasthenie in Zusammenhang gebracht, da die Gedanken immer vorauseilen und der Blick stets in die Ferne gerichtet ist.

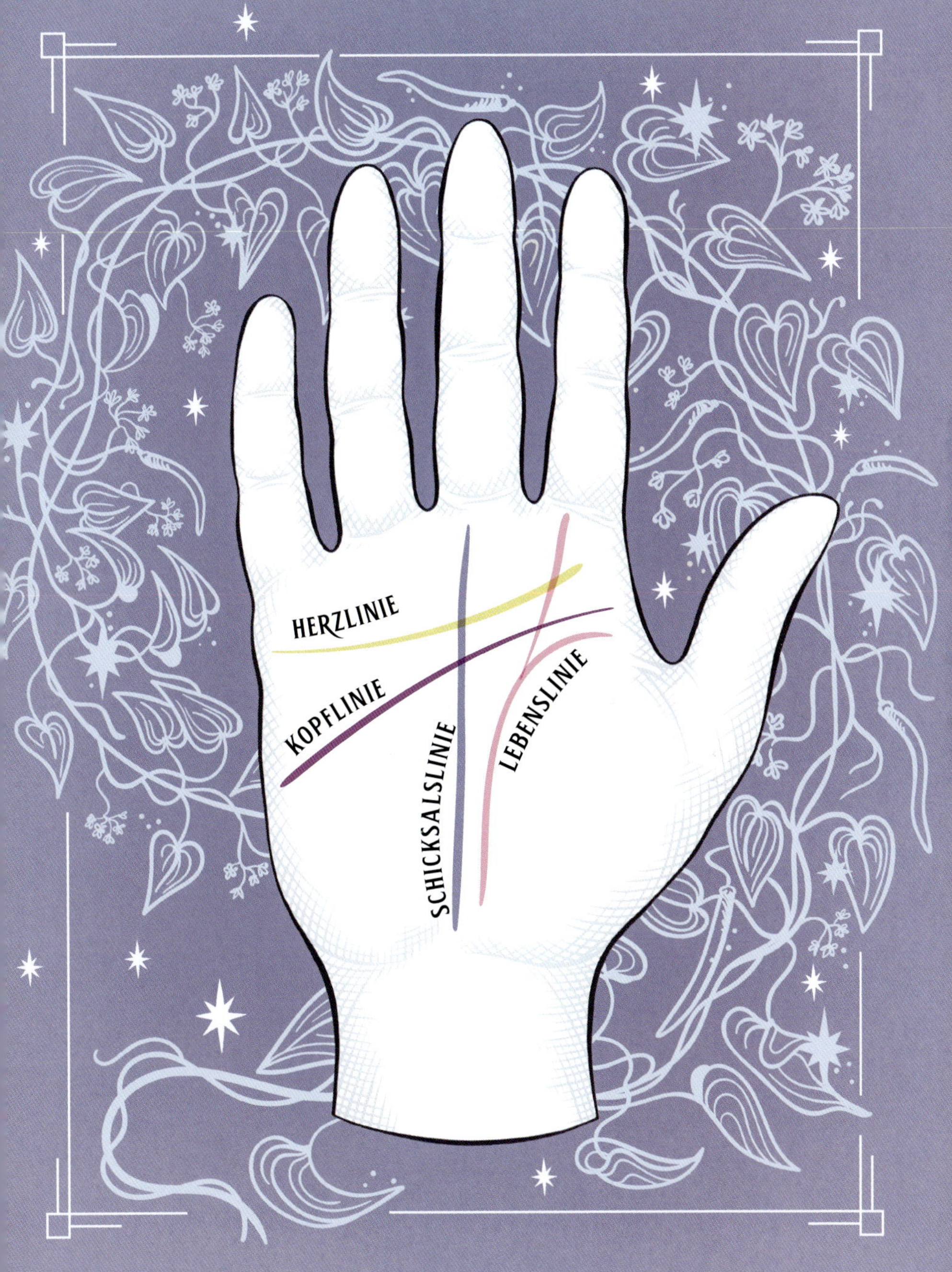
HERZLINIE
KOPFLINIE
SCHICKSALSLINIE
LEBENSLINIE

DIE LEBENSLINIE

Um die Lebenslinie ranken sich die meisten Ängste und der größte Aberglaube, weil sie in traditionellen Deutungen oft als Maß für die Länge des Lebens herhalten musste. Dabei hat sie nicht das Geringste mit der Anzahl an Jahren zu tun, die einem Menschen hier auf Erden vergönnt sind.

Die Lebenslinie steht unter dem Einfluss des Erdelements, und ihre Metapher ist eine Wurzel, weil es hier um die Fähigkeit zu Erdung, Bindung und Stabilität geht. Sie bietet ein gute Orientierung, um die Vitalität, den Sicherheits- und Familiensinn sowie die Erdverbundenheit zu bestimmen. Vergiss nicht, dass diese Linie in dem für Familie, Heim und Körper zuständigen Quadranten liegt, es in der Deutung also um diese Themen geht.

Die Linie beginnt auf halber Höhe zwischen Daumen und Zeigefinger, endet an der Handwurzel und verläuft in einem Bogen um den Venushügel herum. Je tiefer, stärker und länger sie ist, umso größer sind die Vitalität und das Durchhaltevermögen und umso stärker sind die Wurzeln. Diese Menschen können selbst für sich sorgen und sich ein solides, stabiles Leben aufbauen. Je kürzer, schwächer und weniger ausgeprägt die Linie ist, umso weniger gut ist der Mensch geerdet; umso instabiler und unsicherer ist er und umso mehr fehlt es ihm an Vitalität.

Eine kurze, schwache Linie in der passiven Hand ist Zeichen für eine instabile, unsichere Kindheit, in der es wenig Konsequenz oder Routine gab. In der aktiven Hand deutet sie auf eine Neigung zum Burn-out hin, da es diesen Menschen schwerfällt, ihre Vitalität zu bewahren und ihren Alltag zu bewältigen. Auch ein Mangel an Mineralien könnte vorliegen, da diese Linie den Zustand des Darms spiegelt und zeigt, wie gut der Körper Nährstoffe verarbeiten kann. Neugeborene haben immer eine kurze Lebenslinie, da ihr Darm noch nicht voll entwickelt ist.

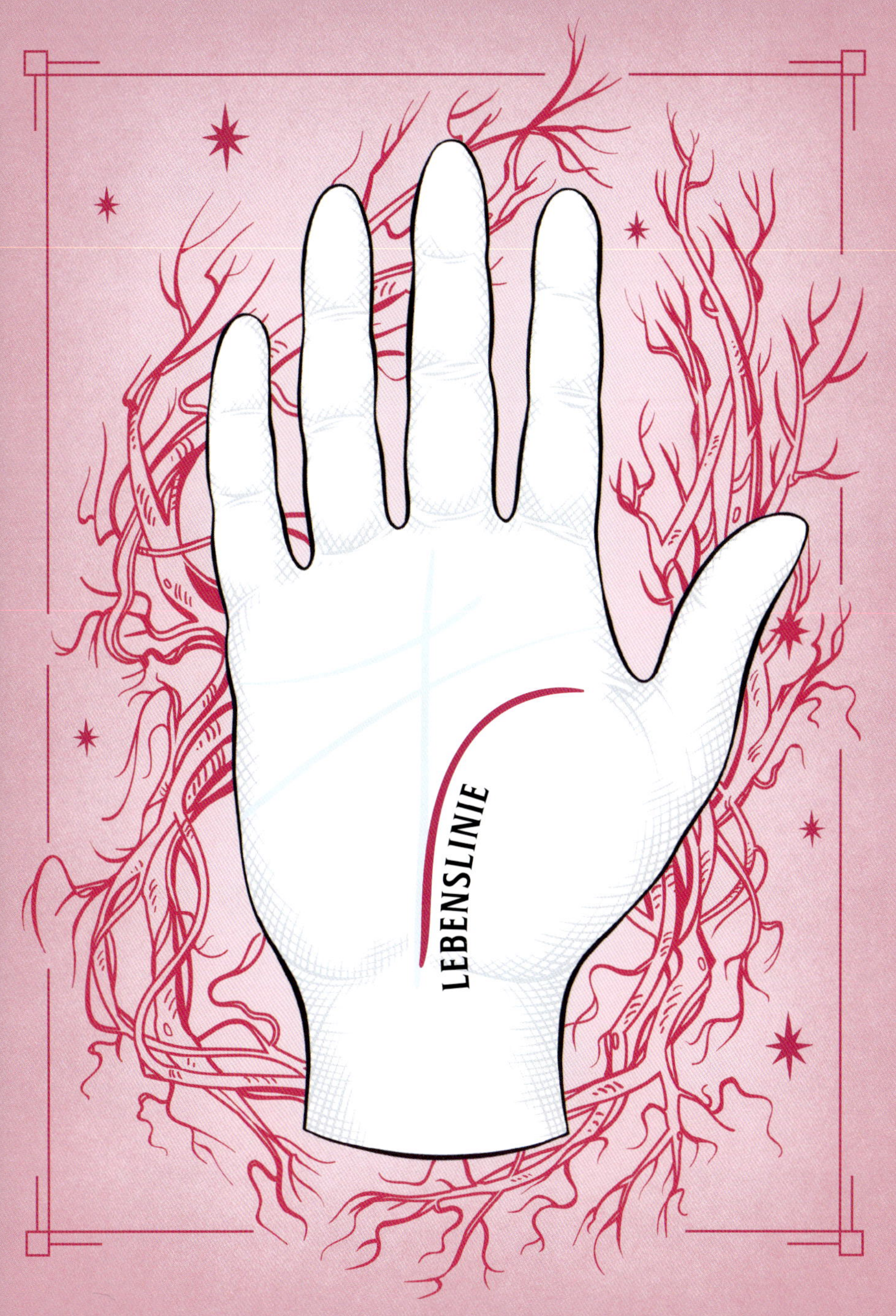
LEBENSLINIE

LEBENSLINIE: ANFANG

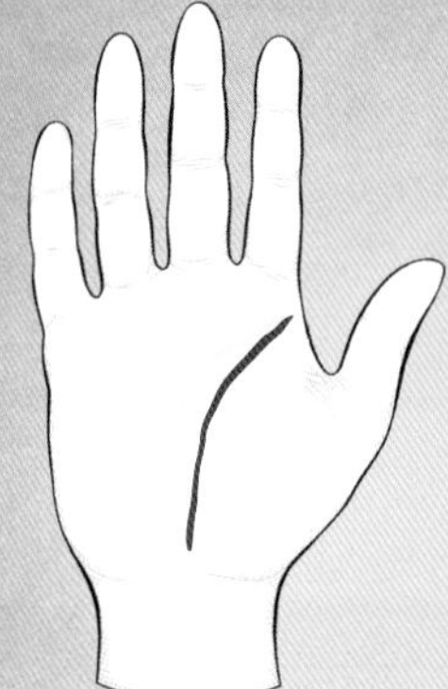

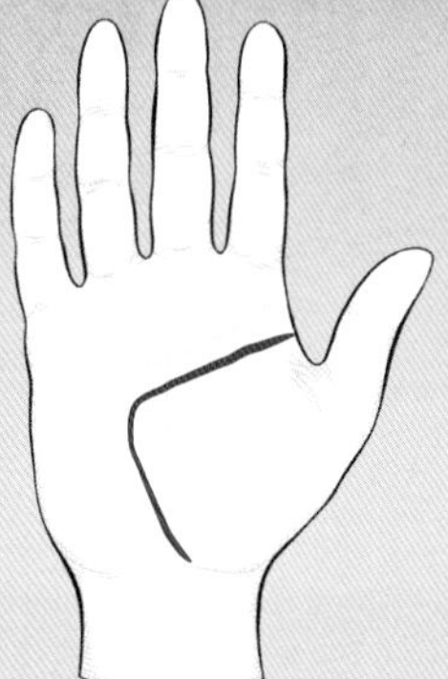

HOHER ANSATZ

Eine hoch angesetzte Lebenslinie steht für eine ehrgeizige Persönlichkeit, die nach hohen Zielen strebt. An der passiven Hand deutet sie auf eine Herkunft aus gutem Hause, aus einer Familie mit besonders hohen Standards. Auch ist sie Zeichen für eine ausgezeichnete Schulbildung. An der aktiven Hand verweist sie auf ausgeprägtes Konkurrenzstreben.

SCHLÜSSELWÖRTER
Leicht, ehrgeizig, hohe Standards, Siegertyp, konkurrenzorientiert

WEIT IN DIE HAND REICHEND

Strebt die Linie weit vom Daumen weg, ist es, als würde sich die Lebenskraft nach außen Bahn brechen und den Körper in den Tanz des Lebens stürzen. Ein Zeichen für Passion und Abenteuerlust, oft gepaart mit musischer Begabung. Man findet es oft bei Bühnendarstellern und Leuten mit dem gewissen Etwas – glühend vor Leidenschaft und voller Lebenslust, besonders wenn die Linie tief und rot ist.

SCHLÜSSELWÖRTER
Leidenschaft, Abenteuerlust, Musikalität

GEGABELT

Beginnt die Lebenslinie mit einer ein- oder mehrzinkigen Gabel, ist es, als hätte es Fehlstarts gegeben. An der passiven Hand könnte dies auf einen schwierigen Einstieg ins Leben deuten. Unsicherheiten in Bezug auf das Heim und das elterliche Engagement sind wahrscheinlich. An der aktiven Hand verweist es auf einen Widerwillen, sich niederzulassen und das Bedürfnis, sich Optionen offenzuhalten.

SCHLÜSSELWÖRTER
Freigeist

LEBENSLINIE: LÄNGE

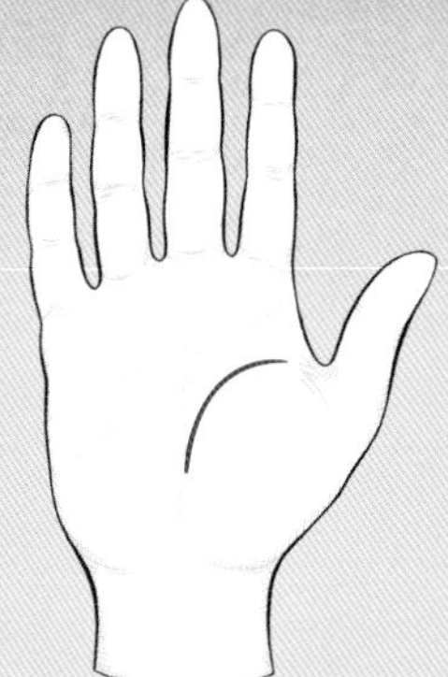

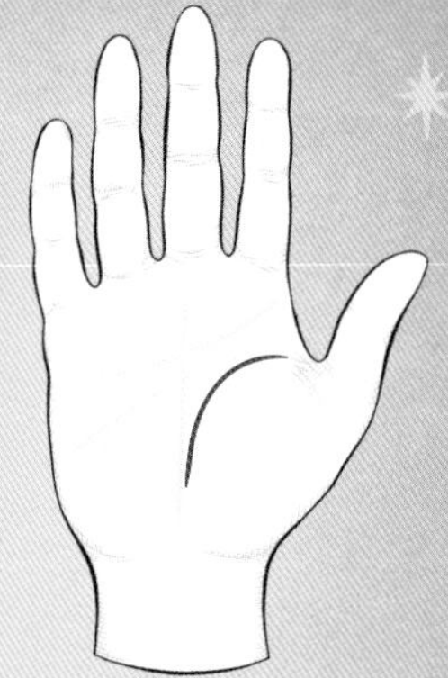

SEHR KURZ

Bei Neugeborenen ist die Lebenslinie immer sehr kurz (sie reicht nur um den halben Venushügel). Ab dem 12. Monat wächst sie allmählich in dem Maß, wie sich der Dünn- und der Dickdarm entwickeln, bis sie schließlich im Alter von zehn Jahren ihre volle Länge erreicht. Bei manchen Kindern bildet sie sich nie ganz aus, was auf Instabilität in der Familie hinweist.

SCHLÜSSELWÖRTER
Instabilität

DREIVIERTELLANG

Hört der Bogen nach drei Vierteln der Länge auf, kann dies auf tief wurzelnde körperliche Probleme und ein Gefühl der Unsicherheit hinweisen. Ein starker Überlebensinstinkt kann diesen Menschen dazu bringen, sich einen besonders stabilen Job zu suchen oder sich an eine zuverlässige Partnerin oder einen verlässlichen Partner zu binden.

SCHLÜSSELWÖRTER
Unsicherheit, Überlebensinstinkt, Gesundheit

FEHLENDE BASIS

Das Fehlen des untersten Abschnitts der Lebenslinie deutet auf einen Menschen hin, der schwache Wurzeln hat und wenig erdverbunden und praktisch veranlagt ist. Es fällt ihm leicht, Chancen zu ergreifen und in neue Situationen hineinzuspringen, ohne zurückzuschauen. Ist die Linie auf einer der beiden Hände kurz, verweist das auf die Neigung, sich zum Ausgleich einen eher stabilen Partner oder Begleiter zu suchen.

SCHLÜSSELWÖRTER
Wurzellos

LEBENSLINIE: QUALITÄT

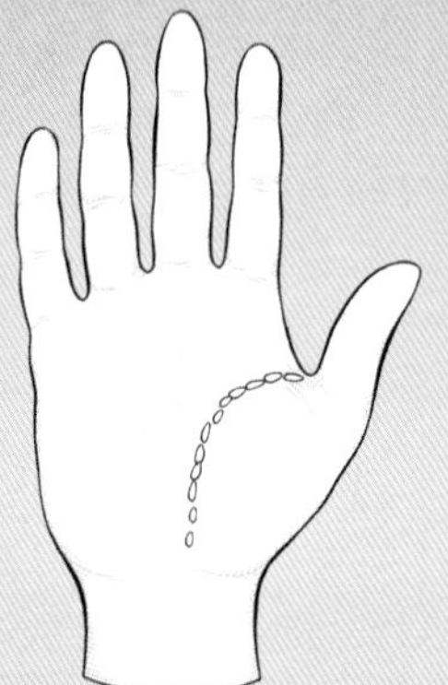

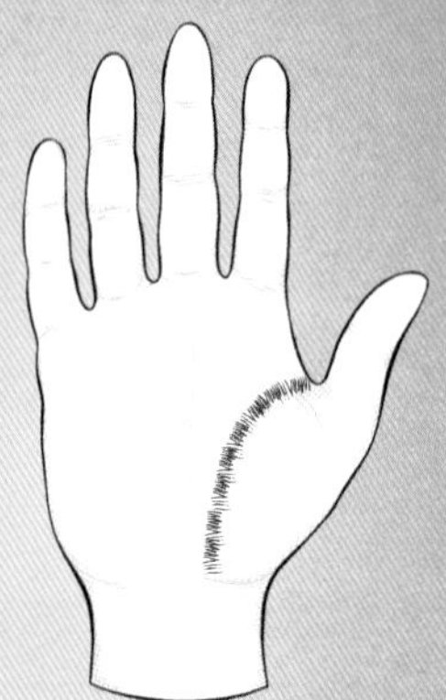

TIEF UND ROT

Eine tiefe, rote Lebenslinie deutet auf starke Energie, Vitalität, Durchhaltefähigkeit und gute Ressourcen hin. Der Träger geht seine Vorhaben mutig an und investiert darin viel Kraft. Je ausgeprägter die Linie, desto mehr Lebenskraft ist vorhanden und desto stärker ist der Schaffensdrang.

SCHLÜSSELWÖRTER
Dynamisch, getrieben

INSELMUSTER

Besteht die Linie aus einer Aneinanderreihung von Inseln oder Bläschen, deutet das auf einen unsteten Lebenswandel hin – auf einen Menschen, der sich nie besonders gesund fühlt und unter Stimmungsschwankungen und einem wechselhaften Energiepegel leidet. Luxus- oder Wellnessangebote nutzt er darum gern. An der passiven Hand könnte dies ein Hinweis auf viele Krankheiten während der Kindheit und eine schlechte Ernährung sein.

SCHLÜSSELWÖRTER

Instabilität, wenig Energie

GESTRICHELT

Setzt sich die Linie aus vielen kurzen Strichen zusammen, zeugt das von zahlreichen Neustarts im Leben. Man denkt an jemanden, dessen Leben permanent im Wandel ist. An der passiven Hand ist es ein Zeichen für einen Menschen, der in seiner Wohnung dauernd die Möbel umstellt oder alles laufend neu gestaltet. An der aktiven Hand steht es für einen, der immer dem neuesten Fitnesstrend folgt.

SCHLÜSSELWÖRTER
Wechselhaft, erfinderisch

LEBENSLINIE: ENDE

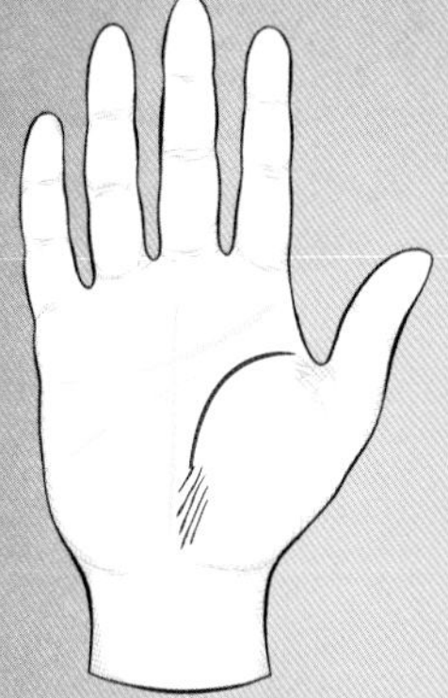

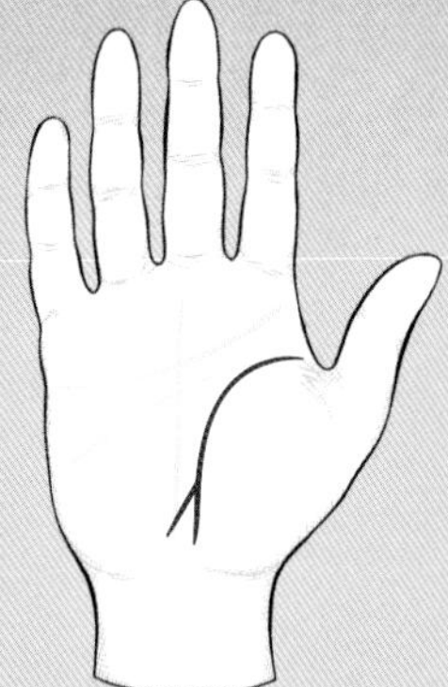

FALLSCHIRMLEINE

Hier endet die Lebenslinie in einer Serie von stufenförmig übereinanderliegenden feinen Strichen. Man findet dieses Zeichen vor allem bei jenen, die mit Vorliebe – quasi wie mit dem Fallschirm – im Leben anderer Leute landen und sich dort breitmachen oder sich Hals über Kopf in fremde Gebräuche und Kulturen stürzen.

SCHLÜSSELWÖRTER

Unstetig, überneugierig

REISELINIE

Die Lebenslinie endet oft in einer Gabel. Man spricht dann von einer Reiselinie, weil sie für die Lust an Abenteuern sowie die Neigung steht, das Leben durch Erschließen exotischer Welten interessanter zu gestalten. An der passiven Hand spricht es für einen starken Bezug zu Heimat und Familie, in die fremde Einflüsse und künstlerische Elemente einbezogen werden. An der aktiven Hand deutet es auf ein Bedürfnis nach Veränderung und Abenteuer hin.

SCHLÜSSELWÖRTER

Abenteuerlustig

RÜCKZUGSLINIE

Manchmal endet die Lebenslinie in einer Kurve, die in den Venushügel reicht. Man nennt sie Rückzugslinie, da sie einen Hang zur Zurückgezogenheit und eine Suche nach Frieden anzeigt. An der aktiven Hand findet man sie oft bei Menschen, die sich einer spirituellen Gemeinschaft anschließen oder zu einer ruhigeren Lebensweise tendieren. An der passiven Hand spricht sie für einen Menschen, der sich wahrscheinlich außerhalb des üblichen Rasters bewegt.

SCHLÜSSELWÖRTER

In sich ruhend, ökologisch

DIE HERZLINIE

Die Herzlinie beschreibt unsere emotionale Verbindung zum Leben, unser Mitgefühl, unseren Bezug zu unseren Mitmenschen, zur Musik, zu Tieren und zur Kunst sowie unser Gefühl, mit allem eins und verbunden zu sein.

Die Herzlinie steht unter dem Einfluss des Wasserelements, und ihre Metapher ist ein Fluss. Sie versinnbildlicht den Strom von Gefühlen und Emotionen, die uns durchfließen.

An ihr ist abzulesen, wie wir Emotionen verarbeiten und auf sie reagieren. Wie tief und deutlich sie zu erkennen ist, erlaubt Rückschlüsse auf die Tiefe und Kraft unseres emotionalen Ausdrucks. Ist sie wenig markant, lässt das auf eine flache Emotionalität schließen: Dieser Mensch investiert nicht allzu viel Herzblut in sein Leben und die darin gesammelten Erfahrungen.

Eine dominante Herzlinie findet man bei Leuten, die ewig Kind bleiben. Sie sind irrational und spaßverliebt und können ihre Emotionen nicht kontrollieren, wenn sie wütend, leidenschaftlich oder aufgeregt sind – einschließlich aller Konsequenzen, die das im Erwachsenenleben mit sich bringen kann.

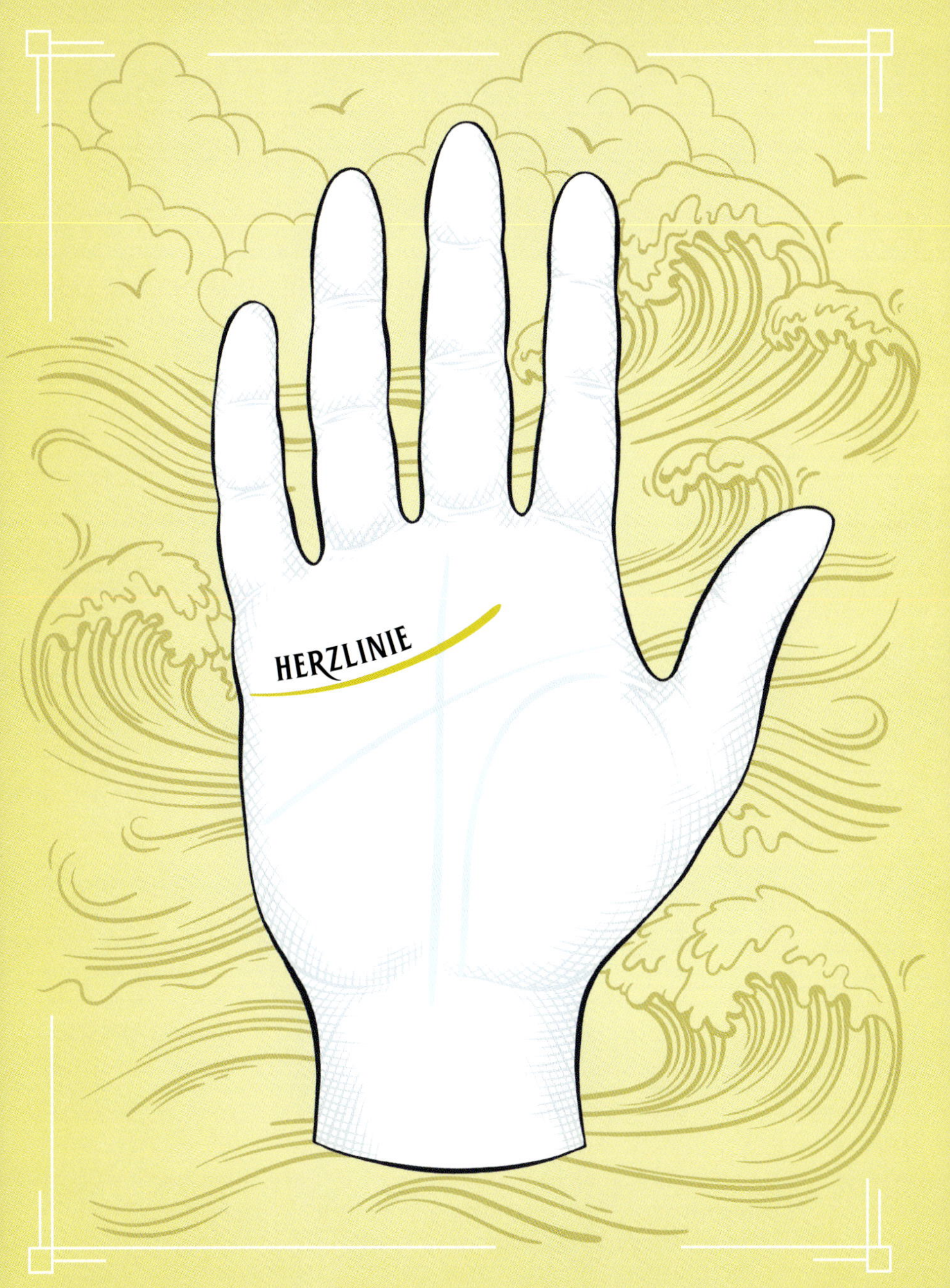
HERZLINIE

HERZLINIE: ANFANG

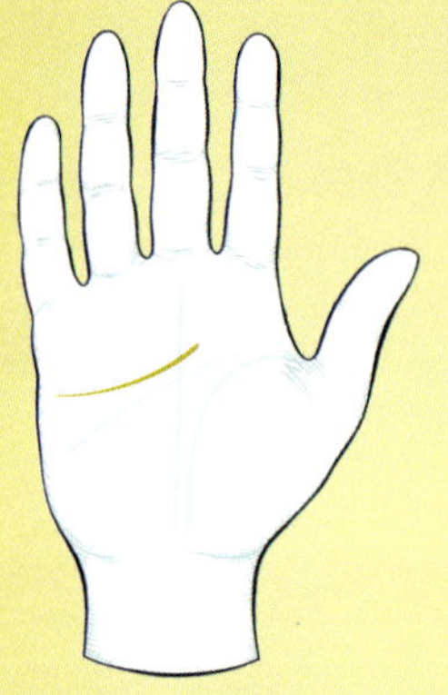

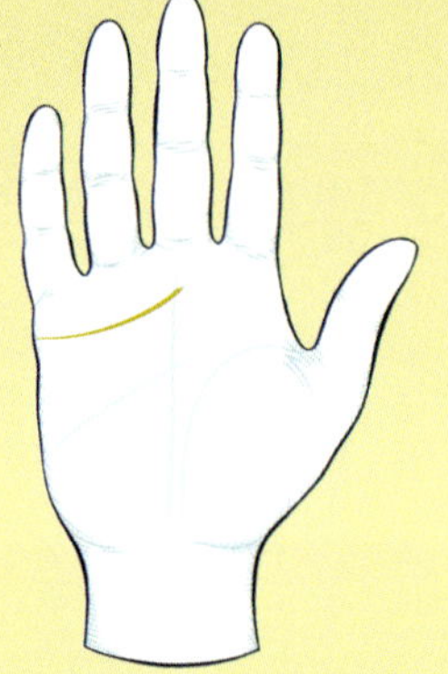

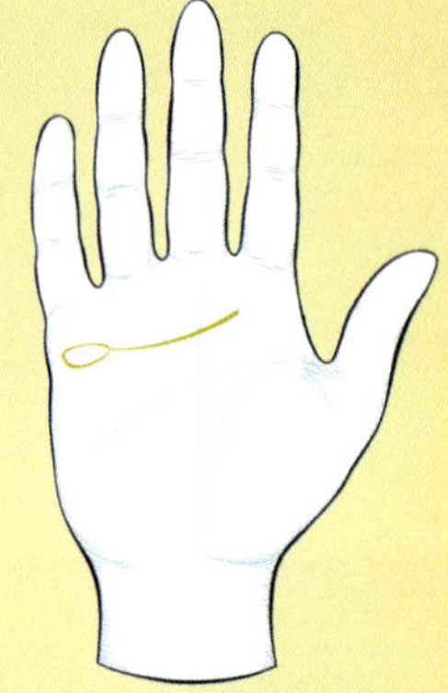

TIEF ANGESETZT

Manchmal sitzt die Herzlinie ungewöhnlich tief und berührt fast die Kopflinie, was ein Zeichen für tief verborgene emotionale Reaktionen ist. Man findet dieses Phänomen häufig bei Menschen, die ihre Emotionen mit sich ausmachen und nach außen hin eine professionelle Fassade zeigen müssen. Sie näher kennenzulernen ist schwierig.

SCHLÜSSELWÖRTER
Distanziert, reserviert

HOCH ANGESETZT

Verläuft die Herzlinie weit oben in der Hand knapp unterhalb des kleinen Fingers, spricht dies für einen leicht entflammbaren Menschen, der immer ein hohes Maß an Emotionen und Gefühlen zeigt. Er wünscht sich, betört und unterhalten zu werden, und möchte sich von emotionalen Erfahrungen aus dem alltäglichen Einerlei herausheben lassen.

SCHLÜSSELWÖRTER
Empfänglich, emotional

MIT INSEL AM ANFANG

Eine Insel am Anfang der Herzlinie an der passiven Hand weist auf Schwierigkeiten beim Aufbau von Bindungen zu Eltern oder anderen Bezugspersonen in der frühen Kindheit hin. An der aktiven Hand verweist es auf eine gewisse Zögerlichkeit und Verschlossenheit in der ersten Phase des Kennenlernens. Vertrauen aufzubauen kann für diesen Menschen in jedem sozialen Kontext schwierig sein.

SCHLÜSSELWÖRTER
Misstrauisch, unsicher

HERZLINIE: LÄNGE

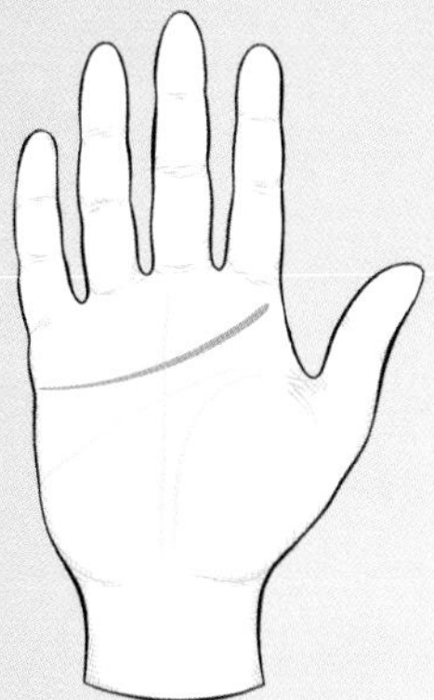

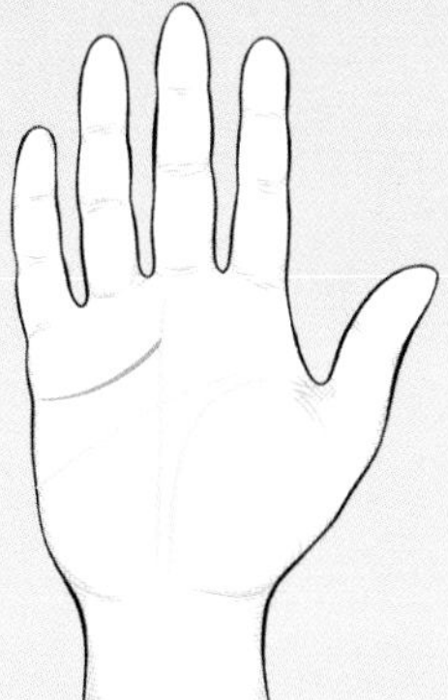

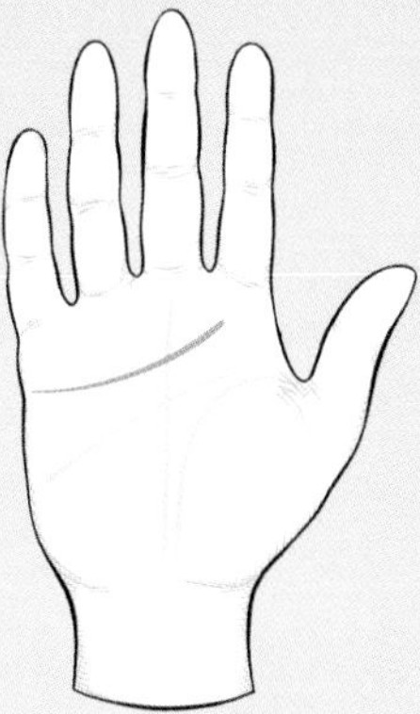

LANG

Eine lange Herzlinie findet man bei Menschen, die viele Freunde und ein großes Herz haben. Sie geben viel und fühlen tief. Je länger die Linie, desto weitere Wege nehmen sie in Kauf, um die Bedürfnisse anderer zu erfüllen. An Freundschaften halten sie lange fest. Sie sind freundlich zu anderen und bereit, in ihren Beziehungen auch Schwierigkeiten und allerhand Höhen und Tiefen auszuhalten. Oft suchen sie sich einen Partner, der auf irgendeine Weise von ihnen abhängig ist.

SCHLÜSSELWÖRTER
Gesellig, liebevoll, freundlich

KURZ

Eine kurze Herzlinie gilt als Zeichen für Menschen mit wenig Freundschaften und einem kleinen sozialen Kreis. Sie bemühen sich nicht groß darum, jemanden außerhalb ihrer Familie oder ihres Zirkels kennenzulernen. Wir haben es hier mit Einzelgängern zu tun, die gern für sich bleiben und oft besser mit Tieren umgehen können als mit Menschen.

SCHLÜSSELWÖRTER
Introvertiert, Tierliebhaber

ENDE ZWISCHEN SPIEGEL- UND MAUERFINGER

Hier besteht eine gute Balance zwischen dem Geben, Spüren und Eingehen auf andere und der Achtsamkeit gegenüber den eigenen Bedürfnissen. Dieser Mensch ist weder zwanghaft um andere bemüht noch in seinen sozialen und emotionalen Kontakten eingeschränkt.

SCHLÜSSELWÖRTER
Ausgeglichen, stabil

HERZLINIE: QUALITÄT

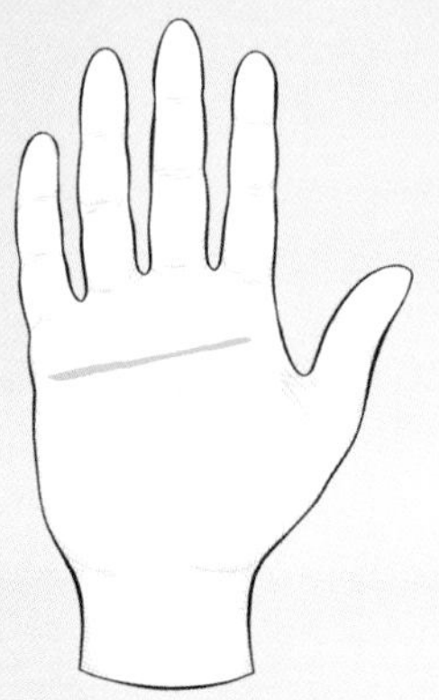

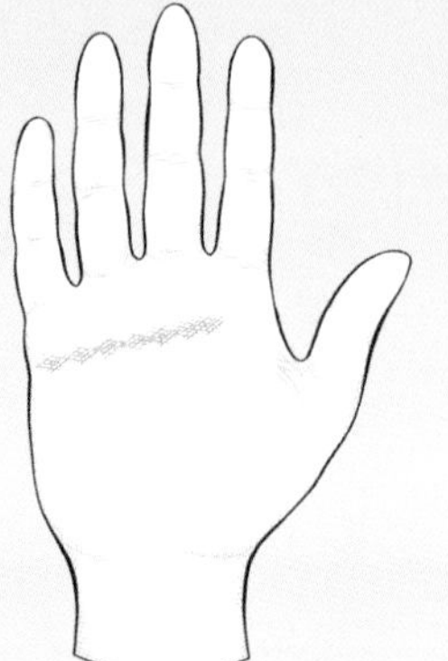

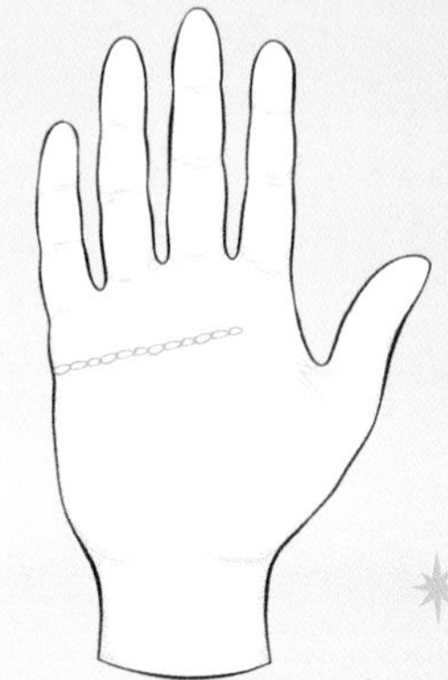

TIEF, ROT UND GERADE

Wenn sie gerade ist, steht eine eingegrabene Herzlinie für eine unkomplizierte Emotionalität. Man darf von diesem Menschen keine große Sensibilität erwarten. Zu differenzieren ist nicht seine Stärke. Bei der Partnerwahl zieht es ihn zu den erstbesten, erotisch leicht ansprechbaren Kandidati*nnen hin. Eine starke Herzlinie ist ein Zeichen für Leidenschaftlichkeit, ihre Träger tun gut daran, sich in aufwühlenden Momenten unter Kontrolle zu halten.

SCHLÜSSELWÖRTER
Undifferenziert, emotional

STACHELDRAHTEFFEKT

Ist die Herzlinie von vielen unzusammenhängenden Strichen durchkreuzt, deutet das auf einen schüchternen, unsicheren Menschen hin. Es ist ein Zeichen für Launenhaftigkeit. Gefühle verfangen sich in den Stacheln, sodass sie nicht klar ausgedrückt werden, was diese Menschen dazu bringt, mit ihren Emotionen hinter dem Berg zu halten. Man sollte sie ermutigen, sich zu öffnen und mehr Vertrauen zu entwickeln, um ihren Selbstausdruck zu fördern.

SCHLÜSSELWÖRTER
Schüchtern, misstrauisch

ANEINANDERREIHUNG VON INSELN

Dies ist oft ein Indiz für emotionale Verzettelung. Diese Menschen wissen nie so recht, was sie eigentlich empfinden. Meist bleiben ihre Emotionen an der Oberfläche, und sie ändern sich laufend. Es ist ihnen kaum möglich, sich dem Leben mit ganzem Herzen zuzuwenden. Sie lieben zwar leidenschaftliche Begegnungen, langweilen sich aber schnell und stürzen sich schon bald ins nächste Abenteuer.

SCHLÜSSELWÖRTER
Emotional chaotisch

HERZLINIE: ENDE

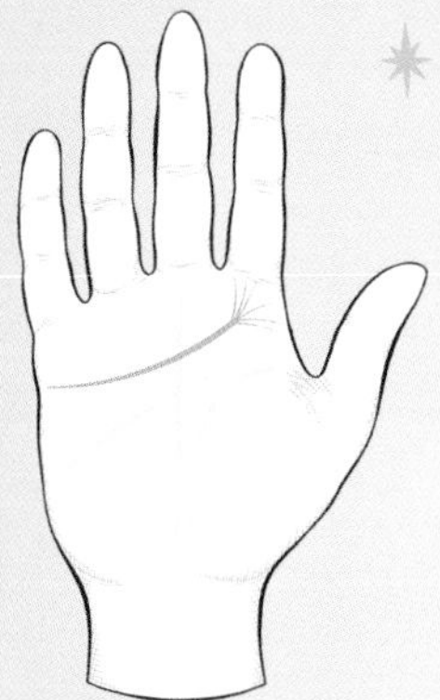

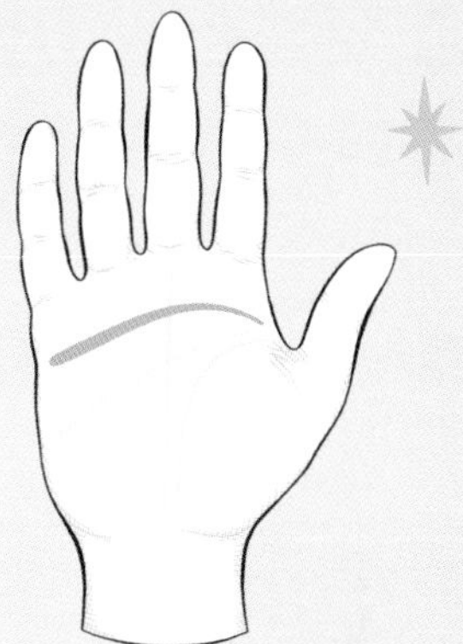

VIELE VERZWEIGUNGEN

Ein Zeichen für Menschen, die vielfältige Verbindungen mit den verschiedensten Leuten eingehen können. Nach traditioneller Deutung lassen sie sich keinen Flirt entgehen. Bemerkenswerter ist jedoch ihre Fähigkeit, sich mit jedem, dem sie begegnen, auf eine Wellenlinie einzuschwingen. Ihre Freunde sind zahlreich und stammen aus den verschiedensten sozialen Kreisen.

SCHLÜSSELWÖRTER
Nett, flirtbereit, gesellig

NACH OBEN GEBOGEN

Wie aus einem Springbrunnen sprudeln aus solchen Menschen die Emotionen heraus. Dies ist ein romantisches, positives Zeichen, das für Optimismus und hohe Erwartungen an Beziehungen spricht. Je weiter sich der Bogen nach oben zieht, desto intensiver ist der Gefühlsausdruck. Diese Linienform steht für ein traditionelles Genderbewusstsein; Frauen mit diesem Zeichen sind sehr feminin und Männer sehr maskulin.

SCHLÜSSELWÖRTER
Optimistisch, romantisch

NACH UNTEN GEBOGEN

Menschen mit nach unten gebogener Herzlinie sind sentimental, oft besitzergreifend und in Beziehungen leicht zu verunsichern. Ein markanter Abwärtsbogen deutet auf den Unwillen, einem sexuellen Stereotyp zu entsprechen. Oft bestehen Verlustängste, und wie selbstbewusst die Träger auch nach außen hin auftreten mögen, sie fürchten, in der Liebe nicht zu bestehen. Sie brauchen ständige Rückversicherung und Liebesbeteuerungen.

SCHLÜSSELWÖRTER
Mangelndes Selbstvertrauen

DIE AFFENLINIE

Auf eine Affenlinie wirst du nur sehr selten stoßen. Die Herzlinie scheint hier zu fehlen, und es zieht sich nur eine horizontale Linie quer über die Hand.

Dass Herz- und Kopflinie zu einer Linie verschmelzen, ist ein seltenes Zeichen, das lediglich bei etwa einem Prozent der Bevölkerung vorkommt. Es gilt als Indiz für eine zutiefst gehemmte, zwanghafte Persönlichkeit.

Es ist schwer zu erahnen, was die Träger dieses Merkmals wirklich fühlen oder denken, da sie in sich verschlossen sind und nur selten eine Gefühlsregung zeigen. Alle Gedanken und Gefühle finden ihren Ausdruck im Tun, was sie zu unermüdlichen und außergewöhnlich harten Arbeitern macht. Sie wirken nie entmutigt oder aufgebracht, aber im Inneren tobt eine stille Wut. Diese nach innen gerichtete Energie bringt sie dazu, sich mehr als alle anderen in die Arbeit zu stürzen. Sie brauchen dringend ein gut funktionierendes Ventil, um Druck abzulassen und entspannen zu können.

Aufgrund ihrer starken charakterlichen Fixierung sind plötzliche Veränderungen für die Träger nur schwer zu verkraften. In der Regel stechen sie durch ihr besonderes Maß an Entschlossenheit, Unermüdlichkeit und äußerlicher Ruhe aus der Masse hervor. Denken und Fühlen sind miteinander verschmolzen, sodass sie die Standpunkte anderer nur schwer nachvollziehen können. Verletzungen und Groll können sie tief im Inneren begraben.

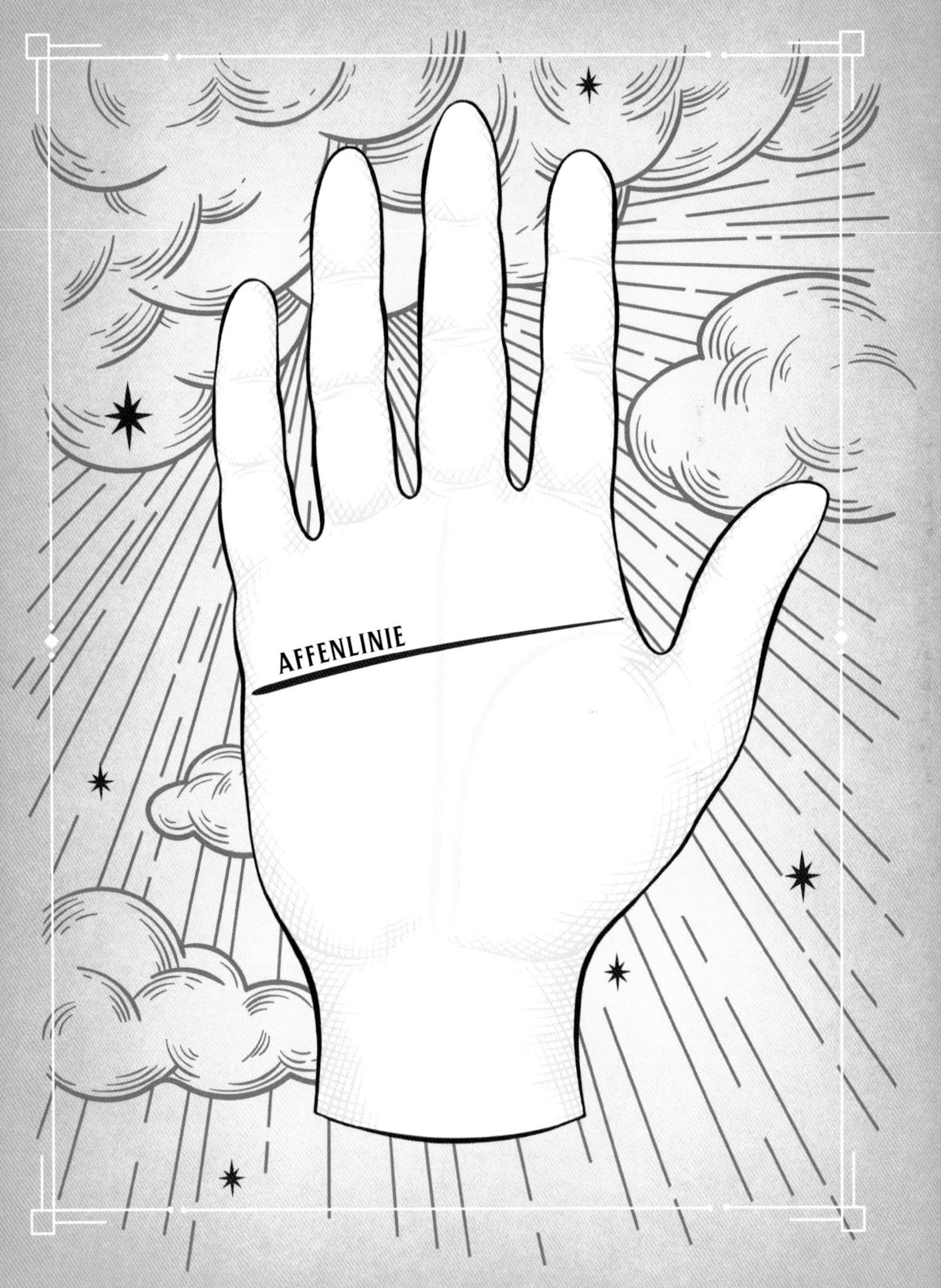
AFFENLINIE

DIE SCHICKSALSLINIE

Diese Linie ist die am schwierigsten zu deutende, da sie die unterschiedlichsten Formen annehmen kann. Oft ist sie nur bruchstückhaft vorhanden und vor dem 20. Lebensjahr gar nicht zu erkennen. Denke immer daran, dass sie senkrecht in der Handmitte hin zum Mauerfinger verläuft. Das macht es leichter, sie zu erkennen.

In der traditionellen Chiromantie hat die Schicksalslinie viele Namen: Lebenspfad, Saturnlinie, Arbeitslinie ... Sie steht unter dem Einfluss des Feuerelements, und ihre Themen sind Berufsentscheidungen, Lebensziele, klare Werte und die Definition der eigenen Person. Auf vielfältige Weise bahnt sie sich ihren Weg durch all die verschiedenen Optionen, die uns das Leben bietet, damit wir herausfinden, wer wir sind und was wir wollen.

An der passiven Hand geht es um den eigenen Charakter und unsere Einstellung zur Familie, an der aktiven Hand um die berufliche Karriere und die Ziele, die wir im Leben verfolgen.

Die Schicksalslinie ist bruchstückhaft, und es dauert immer länger, bis sie ihre Form gefunden hat, weil wir zunehmend später zur Reife gelangen. Ist sie stark ausgeprägt und klar, deutet das auf eine klare Sicht auf die eigenen Lebensziele und Werte und einen starken Charakter hin. Ist sie schwach, steht sie für mentale Instabilität und die Neigung, allen möglichen Trends, Glaubenskulten und Lebenszielen hinterherzujagen, die einen nicht weiterbringen. Darüber hinaus haben diese Menschen das Gefühl, sich nie wirklich gefunden zu haben. Auf der körperlichen Ebene repräsentiert diese Linie die Wirbelsäule, und an ihr zeigt sich, wie viel Rückgrat man hat.

SCHICKSALSLINIE

SCHICKSALSLINIE: ANFANG

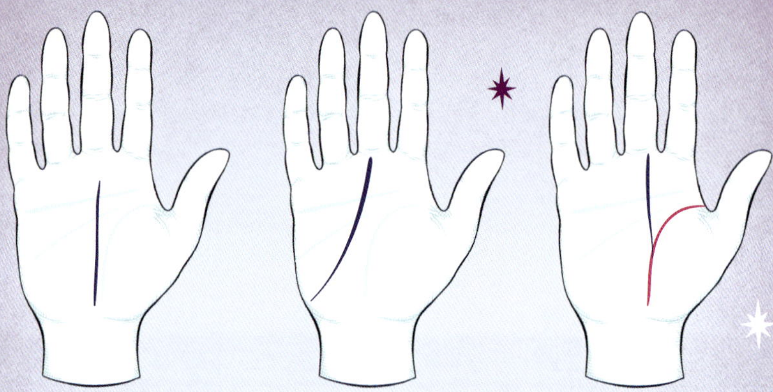

IN DER HANDMITTE UNTEN

Im besten Fall beginnt die Schicksalslinie tief unten in der Handfläche. An der passiven Hand verweist dies auf einen Menschen, der sich über sich selbst von Anfang an im Klaren war und dies auch bleiben wird. Es ist ein Zeichen für frühe Verantwortung und Reife. An der aktiven Hand deutet es auf jemanden hin, der klare Ziele hat und alles Extreme im Leben meidet.

SCHLÜSSELWÖRTER
Selbstsicher, ausgeglichen

IM MEER DES UNBEWUSSTEN

Wenn die Linie hier anfängt (siehe **Die vier Quadranten,** Seite 32–33), haben wir es mit jemandem zu tun, für den soziale Verbindungen, persönliche Erfüllung und Anpassungsfähigkeit hohe Priorität haben. An der passiven Hand deutet es auf die Notwendigkeit hin, sich den eigenen Lebensweg zu suchen. An der aktiven Hand ist es ein Zeichen für einen gutmütigen, geselligen Menschen. In der Arbeit beobachtet man oft ein Muster der ständigen Entwicklung und des Wandels.

SCHLÜSSELWÖRTER
Gesellig, anpassungsfähig

MIT DER LEBENSLINIE VERBUNDEN

Dies ist ein Zeichen für einen Lebensweg, der von elterlichen Erwartungen, Sicherheitsstreben und familiären Verpflichtungen geprägt ist. An der passiven Hand dürfte ein von traditionellen Werten und Konformitätsstreben geprägtes Elternhaus im Hintergrund stehen. An der aktiven Hand deutet es oft auf lange Ausbildungszeiten hin. Praktische Bedürfnisse und Sicherheit sind Basis für Entscheidungen, und die Pflicht steht an erster Stelle.

SCHLÜSSELWÖRTER
Sicher, pflichtbewusst

SCHICKSALSLINIE: LÄNGE

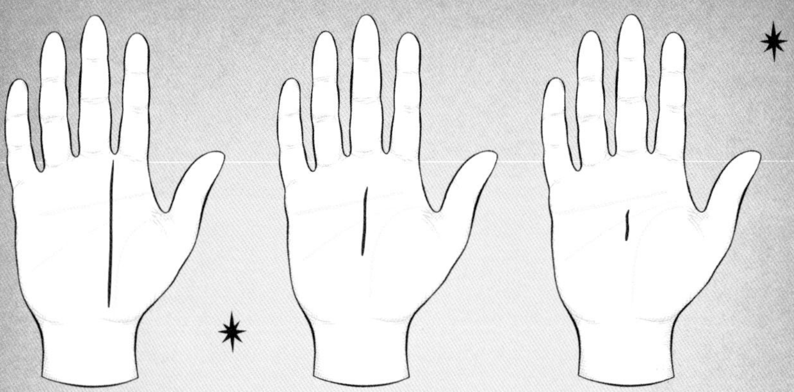

LANG

Je länger die Linie, desto stärker ist das persönliche Engagement und desto stabiler der Charakter. Diese Menschen widmen sich ihrer Arbeit mit Hingabe. Es kommt oft vor, dass die Linie an der passiven Hand lang und an der aktiven Hand kurz ist. Im umgekehrten Fall wird die Berufung über familiäre Verpflichtungen gestellt. Eine überlange Linie findet man bei Menschen, die sich in der Arbeit zu sehr engagieren.

SCHLÜSSELWÖRTER
Hingebungsvoll, engagiert

KURZ

Oft beginnt die Linie in beiden Händen hoch oben in der Handmitte nahe der Kopflinie. Dies ist ein Zeichen für jemanden, der erst später im Leben zur Reife findet und der ziemlich lange braucht, um ein Gefühl für Werte zu entwickeln.

SCHLÜSSELWÖRTER
Späte Reife

SEHR KURZ ODER NICHT VORHANDEN

Manchmal fehlt die Schicksalslinie ganz oder ist sehr kurz und setzt erst oberhalb der Herzlinie an. Findet sich dieses Zeichen an beiden Händen, wird dieser Mensch erst sehr spät im Leben seine persönliche Erfüllung finden. An der passiven Hand bedeutet ein Fehlen der Linie, dass dieser Mensch nie richtig erwachsen wird und sein ganzes psychisches Potenzial noch nicht entfaltet hat.

SCHLÜSSELWÖRTER
Im Herzen jung, unerfüllt

SCHICKSALSLINIE: QUALITÄT

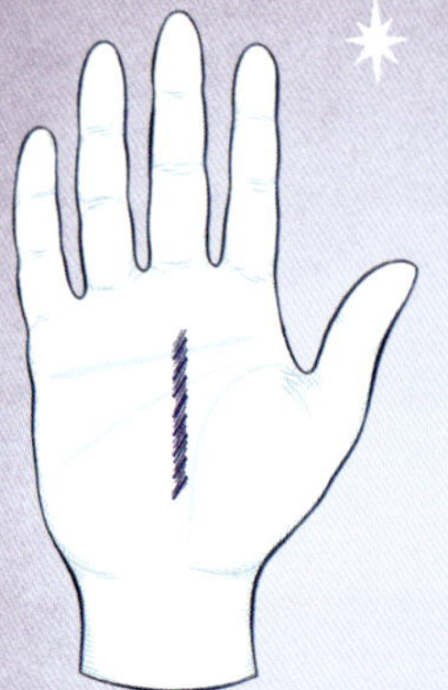

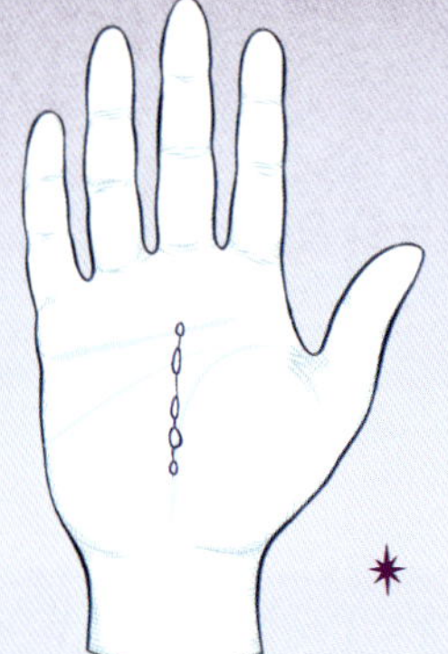

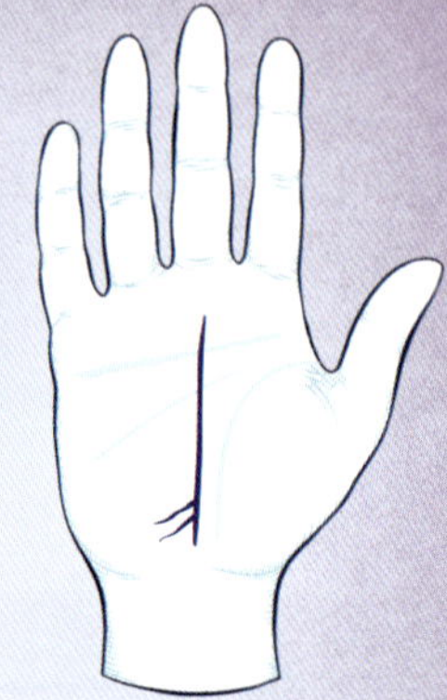

VIELE KURZE STRICHE

Eine wie hingekritzelte, gestrichelte Schicksalslinie ist Zeichen für immense Anstrengung und enormen Erfolg. Gleichzeitig ist sie aber auch Indikator für einen Menschen, der unter der Last innerer Kämpfe zusammenbricht. An der passiven Hand deutet sie auf ein allzu starkes Bemühen hin, im Studium, als Tochter oder Sohn oder in der Elternrolle alles richtig zu machen.

SCHLÜSSELWÖRTER
Gewissenhaft, hart arbeitend

INSELN IM LINIENVERLAUF

Inseln auf der Schicksalslinie stehen für lange Zeiten der Stagnation im Beruf. An der passiven Hand deuten sie auf jemanden hin, der sich nicht engagiert und im Leben nur schwer vorankommt. Es fehlt an Durchhaltevermögen und Kraft im Umsetzen von Entscheidungen. Gut möglich, dass ein Gefühl von Sinnlosigkeit vorherrscht und es an der Motivation fehlt, um Ziele zu erreichen.

SCHLÜSSELWÖRTER
Unmotiviert, schwach

ANKOMMENDE LINIEN

Vereint sich eine Seitenlinie mit der Schicksalslinie, ist dies ein Zeichen dafür, dass ein neuer Einfluss das Leben bereichert. An der passiven Hand verweist es auf neue Beziehungen oder starke Persönlichkeiten, die dem Leben dieses Menschen eine neue Wendung geben. An der aktiven Hand werden neue Wege eingeschlagen, um Erfüllung zu erlangen. Manchmal führen Linien von der Lebenslinie herüber. Sie stehen für Beförderungen und familiäre Einflüsse.

SCHLÜSSELWÖRTER
Neue Beziehungen

SCHICKSALSLINIE: ENDE

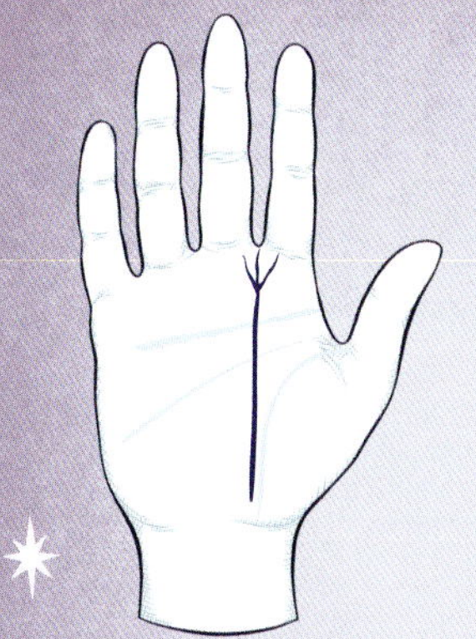

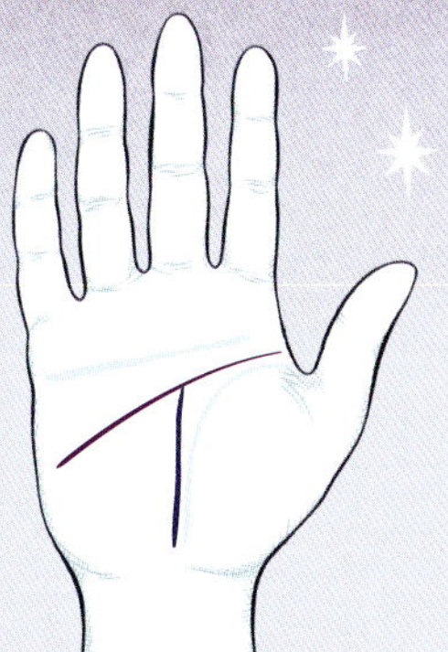

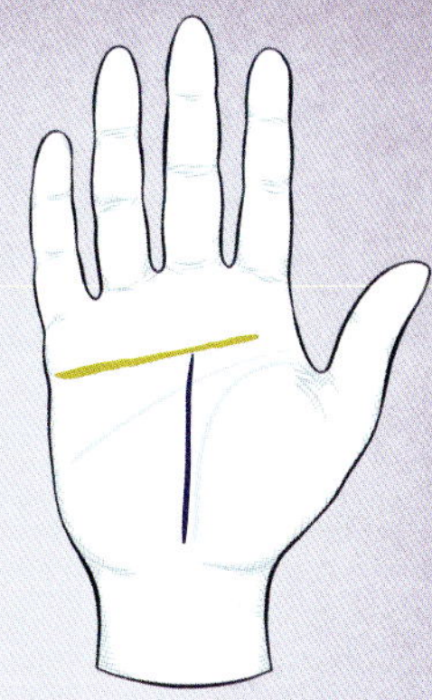

GABEL ODER DREIZACK

Endet die Schicksalslinie in einer Gabel oder einem Dreizack, deutet dies auf ein hohes Maß an Begabung und Talent hin. Ein äußerst positives Zeichen, das in verschiedenster Hinsicht Erfolg verheißt. Es ist selten zu finden, siehst du es aber, sitzt du einem talentierten, geschäftstüchtigen Menschen gegenüber, der hart an sich selbst und der Entwicklung seiner Fähigkeiten arbeitet. Dies ist einer, der nie aufhört zu blühen und hinzuzugewinnen.

SCHLÜSSELWÖRTER
Erfolgreich, talentiert

AN DER KOPFLINIE

Etwa in dem Alter, in dem die Linie endet, hat dieser Mensch einen Weg gefunden, um zwar weiterhin zu arbeiten, aber in einer distanzierteren, weniger praxisbezogenen, akademischen Art und Weise. An der passiven Hand deutet es auf eine Verschiebung des Fokus von der Arbeit zur Familie hin. An der passiven Hand ist dies ein Zeichen für Hobbys und private Interessen.

SCHLÜSSELWÖRTER
Fokus: Familie, Hobbys

AN DER HERZLINIE

Die Träger dieses Zeichens investieren Herzblut in ihre Arbeit und sind tendenziell hoch motiviert. Dies sind die leidenschaftlichen, stark engagierten Schaffer, die an den Herausforderungen von Leben und Beruf wachsen. An der passiven Hand steht dieses Linienende für große Motivation durch und für andere. Und es ist ein Indiz dafür, dass sich die Trägerin in den Ruhestand begibt, sobald sie nicht mehr mit dem Herzen bei der Sache ist.

SCHLÜSSELWÖRTER
Motiviert, engagiert

DIE KOPFLINIE

Die Kopflinie steht für unser Denken und die Art und Weise, wie wir Informationen verarbeiten, was ein Schlüsselaspekt unserer Persönlichkeit ist. Sie steht unter dem Einfluss des Luftelements, und ihre Metapher ist der Lichtstrahl – ein Bild, das wir oft benutzen, wenn wir über den Intellekt eines Menschen reden, etwa wenn wir sagen: »Sie ist helle im Kopf« oder »Es ist mir blitzartig eingefallen«, um nur zwei Beispiele zu nennen.

Die Linie beginnt seitlich an der Hand auf halber Höhe zwischen Daumen und Ansatz des Zeigefingers und verläuft nah bei oder in Kontakt mit der Lebenslinie. Sie kann auf verschiedene Weisen enden. Als kurz gilt sie, wenn sie unterhalb des Mauerfingers endet, als lang, wenn sie den Handteller fast komplett durchquert. Um sie zu deuten, stell sie dir als Maß für die Länge, Stärke und Klarheit des Denkprozesses vor. Wer eine lange Kopflinie hat, denkt viel, bezieht die unterschiedlichsten Faktoren mit ein und verfügt über einen tiefschürfenden, durchdringenden Geist, der sich nicht mit Oberflächlichkeiten und allzu einfachen Antworten zufriedengibt. Leute mit kurzer Kopflinie hingegen denken nicht weit voraus und sind viel mehr aufs Tun ausgerichtet als darauf, über Eventualitäten und Möglichkeiten zu spekulieren.

Ist die Linie deutlich ausgeprägt und fein wie ein Laserstrahl, zeugt sie von Klarheit und Präzision im Denken und ist Zeichen für ein hohes Maß an Intelligenz. Ist sie durchbrochen und weist viele Inseln auf, kann das Denken getrübt und in seiner Klarheit beeinträchtigt sein. Ist sie verschwommen, deutet das auf Schwierigkeiten hin, Dinge klar zu durchdenken. Diese Menschen verlassen sich oft auf den Rat oder die Führung stärkerer Charaktere (mit klarerer Kopflinie).

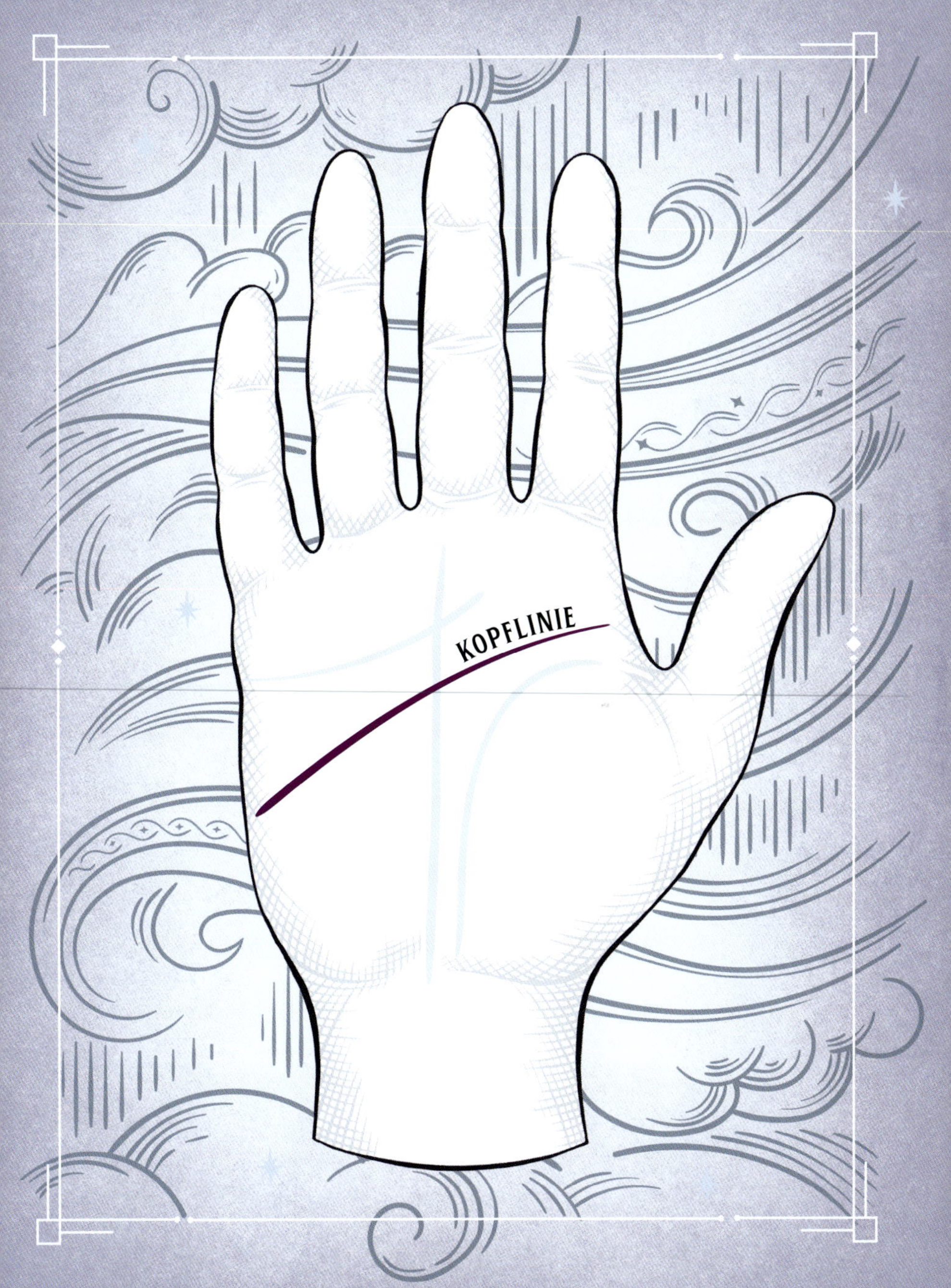
KOPFLINIE

KOPFLINIE: ANFANG

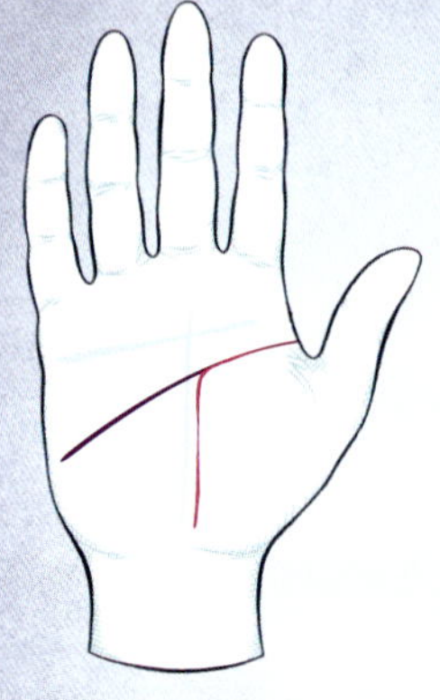

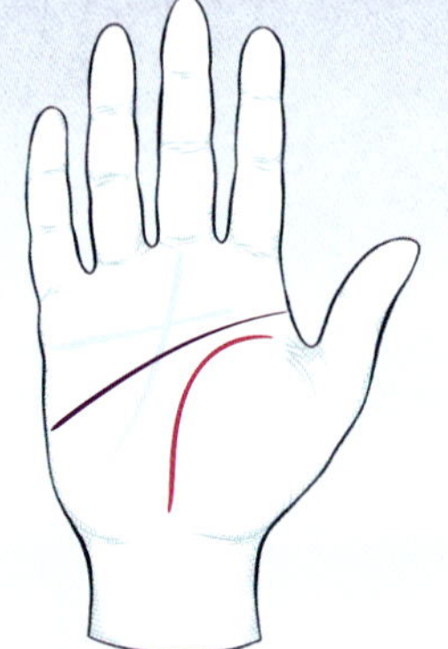

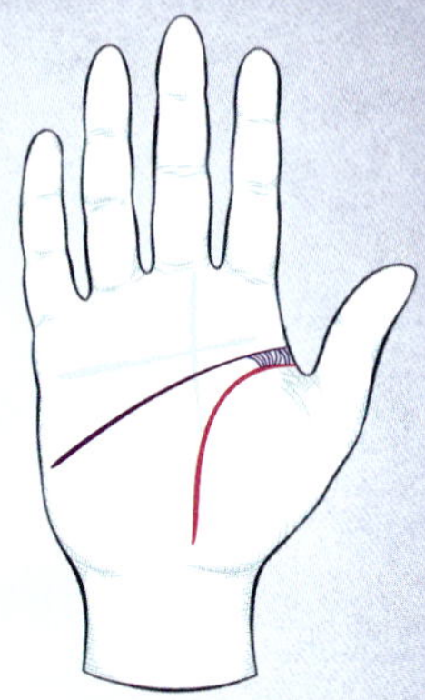

MIT DER LEBENSLINIE VERBUNDEN

Es kommt häufig vor, dass der Anfang der Kopflinie über 2,5 oder mehr Zentimeter mit der Lebenslinie verbunden ist. An der passiven Hand deutet dies auf dominante Eltern und einen Mangel an Selbstvertrauen hin. An der aktiven Hand steht es für extreme Vorsicht, konservative Werte und die Unfähigkeit, für sich selbst zu denken. Man findet dieses Zeichen bei Menschen mit traditionell geprägtem Lebensstil und Vorstellungen. Auch Spätzünder im Leben tragen es oft.

SCHLÜSSELWÖRTER
Vorsichtig, traditionell

GROSSER SPALT ZWISCHEN KOPF- UND LEBENSLINIE

Abenteuerlust und großer Ehrgeiz prägen Menschen mit diesem Zeichen. An der passiven Hand steht es für jemanden, der sich bereits in jungen Jahren aus seinem familiären Hintergrund gelöst hat. An der aktiven Hand deutet es immer auf einen Menschen hin, der nach hohen Zielen greift, ehrgeizig und geistig offen ist und im Denken alles Traditionelle transzendiert. Sowohl psychisch als auch physisch wird sich dieser Mensch weit über seine familiären Wurzeln hinausentwickeln.

SCHLÜSSELWÖRTER
Ehrgeizig, abenteuerlustig

KLEINER SPALT MIT VERBINDUNGSSTRICHEN

Dieses Muster steht für den Wunsch, sich aus dem Denken des familiären, altbekannten Hintergrunds zu lösen, dem allerdings ein Mangel an Selbstvertrauen und ein Bedürfnis nach Rückversicherung entgegensteht. Weist eine Hand einen großen und die andere Hand einen kleinen Spalt auf, lässt sich ablesen, wo der Träger die größte psychologische Unabhängigkeit entwickelt: in der Außenwelt oder bei seinen persönlichen Interessen und Idealen.

SCHLÜSSELWÖRTER
Zaghaft, unsicher

KOPFLINIE: LÄNGE

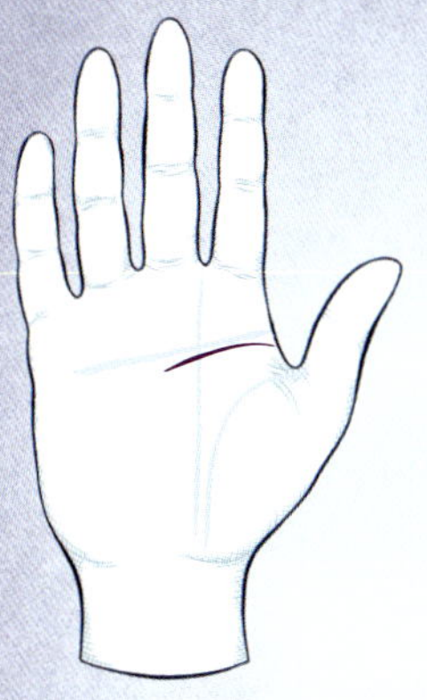

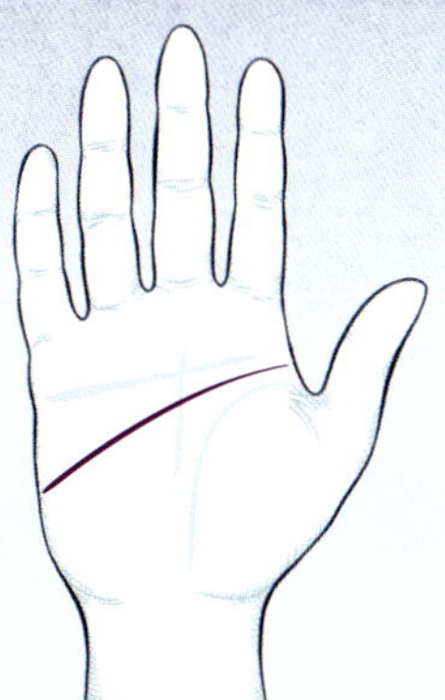

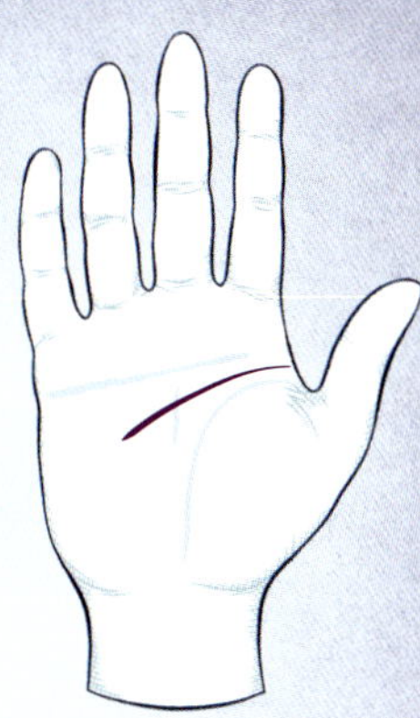

KURZ

Ist die Kopflinie kurz und endet unterhalb des Mauerfingers, ist dies ein erfolgreiches und dynamisches Zeichen. Ist sie klar und frei von Inseln und Abbrüchen, wird keine Zeit mit Nachdenken oder Philosophieren vergeudet. Innere Einkehr, Selbsterforschung oder vorausschauendes Denken sind nicht gefragt. Dies sind aktive, zielstrebige Menschen, denen alles gelingt, was sie anfassen – vorausgesetzt, es geht um das Umsetzen von Ideen und nicht darum, sie zu finden.

SCHLÜSSELWÖRTER
Aktiv, zielstrebig

LANG

Eine lange Kopflinie, die fast bis zur Handkante reicht, unterstreicht eine Vorliebe fürs Spekulieren, Recherchieren und Erforschen von Vergangenheit und Zukunft. Bei diesem Menschen steht das Handeln weniger im Vordergrund, da jede Entscheidung ausgiebig überlegt sein will. »Was wäre, wenn?« ist einer seiner Lieblingssätze, denn er schaut stets weit voraus. Er philosophiert viel und sammelt mit Vorliebe irgendwelche obskuren Fakten und Wissensschnipsel.

SCHLÜSSELWÖRTER
Nachdenklich, philosophisch

ENDET UNTER DEM PFAUENFINGER

Der Träger dieses Zeichens ist im Denken weder zu weit noch zu eng und intellektuell der Beweglichste von allen. Vergiss aber nicht, dass sich die Kopflinie schnell verlängert, wenn ein Mensch einen intellektuell fordernden Kurs einschlägt. Sieht er sich hingegen gezwungen, sich über längere Zeit auf die unmittelbare Gegenwart zu konzentrieren, wird sie allmählich kürzer.

SCHLÜSSELWÖRTER
Gedankliche Flexibilität

KOPFLINIE: QUALITÄT

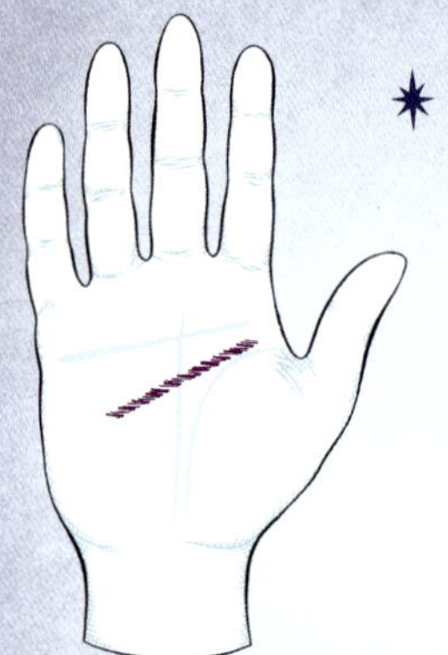

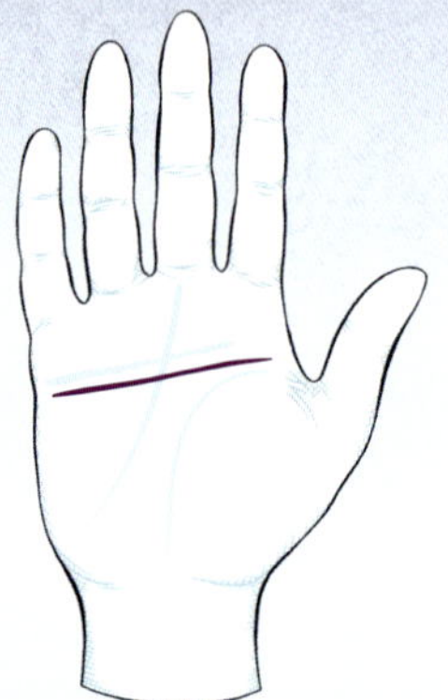

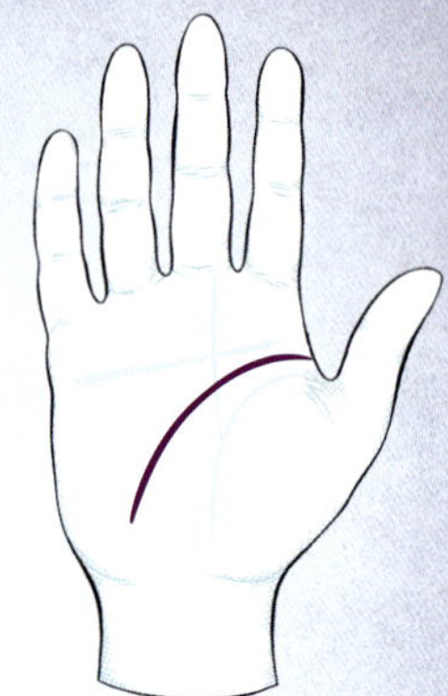

DURCHBROCHEN ODER MIT VIELEN INSELN

Ein Abbruch der Linie deutet auf eine schwierige Zeit, in der man nicht klar denken kann. Ändert sie abrupt ihre Richtung oder verliert ihre Klarheit, geschieht ein ähnlicher Wandel ungefähr zu diesem Zeitpunkt im Linienverlauf. Inseln auf der Linie sind ein Zeichen für Stress. Normalerweise zeigen sich in der passiven Hand mehr Abbrüche und Problemfelder, da in der inneren Welt mehr über persönliche Themen gegrübelt wird.

SCHLÜSSELWÖRTER
Stress, Veränderung

GERADE

Ein Indikator für logisches Denken. Bei einer geraden Kopflinie liegt der Fokus stark auf den Fakten. Um Standpunkte zu untermauern, werden Statistiken und Zahlen herangezogen. Menschen mit diesem Merkmal sind besonders qualifiziert für den Umgang mit numerischen Daten, Logik und Fakten. Manchmal können sie jedoch etwas kaltblütig und unsentimental sein, weil sie dazu neigen, die Dinge rein objektiv zu betrachten.

SCHLÜSSELWÖRTER
Logisch, präzise

GEBOGEN

Die gebogene Kopflinie steht für einen intuitiveren, subjektiveren und verständnisvolleren Charakter. Der Bogen reicht immer ins Meer des Unbewussten, was die innere Bilderwelt mit uralten Herkunftserinnerungen, persönlichen Erlebnissen und einer lebhaften Fantasie bereichert. Ist die Kopflinie stark gebogen (bis zum »Meeresboden«), lässt das auf eine nachdenkliche, introvertierte, launenhafte und zurückgezogene Persönlichkeit schließen.

SCHLÜSSELWÖRTER
Nachdenklich, intuitiv

KOPFLINIE: ENDE

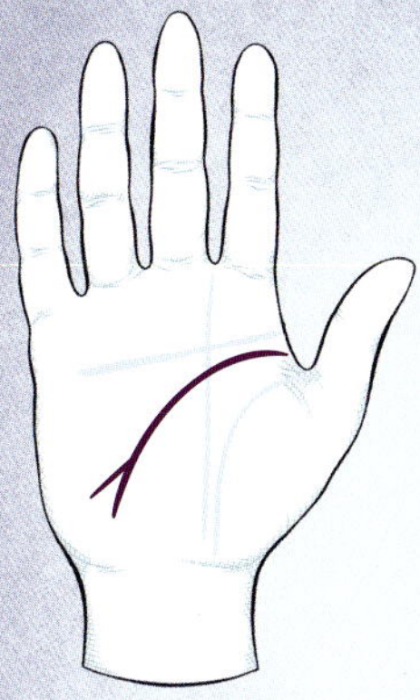

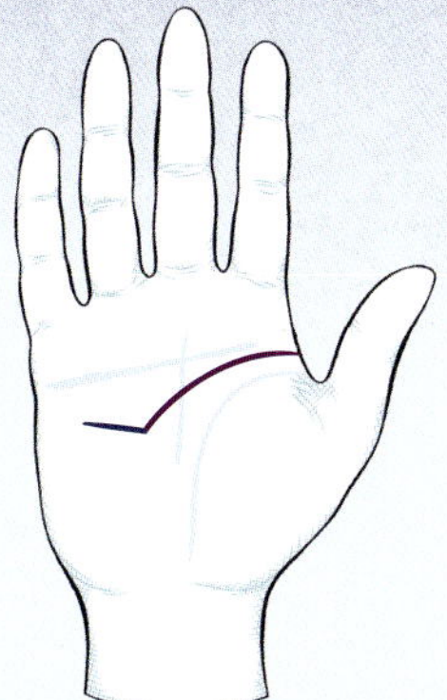

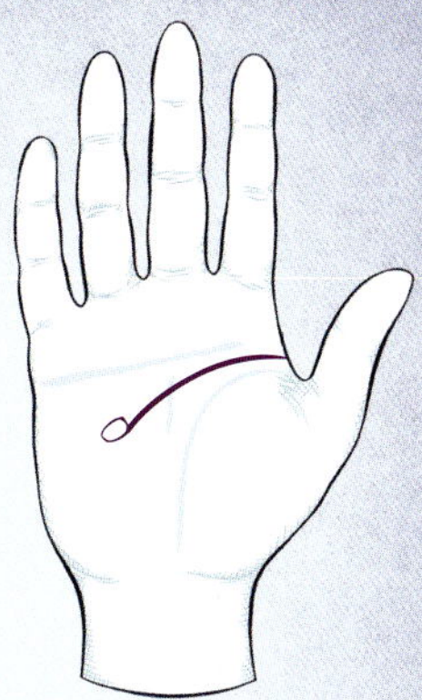

GEGABELT

Ein gegabeltes Ende entspricht einem weiten Horizont. Menschen mit diesem Zeichen können im Sehen, Wissen und Imaginieren besondere Höhen und ungewöhnlichen Tiefgang erreichen. Die Persönlichkeit weist zwei Seiten auf: eine eher logische und eine sehr viel subjektivere. Die Träger dieses Zeichens vereinen in sich zwei völlig verschiedene Interessens- und Wahrnehmungsperspektiven.

SCHLÜSSELWÖRTER
Vielfältig, komplex

MIT AUFWÄRTSKNICK

Dies ist ein klassisches Zeichen für einen Optimisten. Der Träger ist sensibel für sich bietende Chancen und in der Lage, im Augenblick zu leben. Häufig findet man es bei Leuten, die den Wert einer Idee erfassen und in einem winzigen Detail ein geschäftliches Potenzial erkennen, für das andere blind sind. An der passiven Hand verspricht es Spaß. In diesem Menschen findet man einen optimistischen Partner, von dem ein guter Einfluss ausgeht.

SCHLÜSSELWÖRTER
Geschäftstüchtig, optimistisch

MIT INSEL

Eine Insel am Ende der Kopflinie kommt selten vor und ist bei Menschen zu finden, die manchmal vergeblich nach dem richtigen Begriff suchen, sich Fakten oder Namen nicht merken können und nicht in der Lage sind, ihren Standpunkt auf den Punkt zu bringen. Inseln deuten auf mentalen Stress hin, und es empfiehlt sich immer, Träger zu Aktivitäten wie Meditation hinzuführen, damit ihre Gedanken zur Ruhe kommen.

SCHLÜSSELWÖRTER
Vage, versponnen, gestresst

DIE NEBENLINIEN

Die Nebenlinien sind sehr viel schwieriger zu identifizieren als die Hauptlinien, und oft fehlen sie ganz. Auch verändern sie sich sehr viel schneller als die Hauptlinien.

Als Faustregel gilt: Ist eine Nebenlinie klar zu erkennen und gut definiert, deutet dies auf eine zusätzliche Fähigkeit oder Qualität hin und ist immer ein gutes Zeichen. Ist sie dagegen unklar und zerstückelt, wäre es besser, sie nicht zu haben.

Manchmal trifft man auf eine besonders starke Nebenlinie, die sogar markanter ist als die Hauptlinien. Dies deutet auf ein Thema im Leben dieses Menschen hin, das zu viel Energie kostet und es ihm schwer macht, normal zu funktionieren. Oft steht irgendeine Art von Krankheit im Hintergrund.

Im Folgenden gehen wir die Nebenlinien an den Fingerspitzen beginnend bis hinunter zur Handwurzel durch.

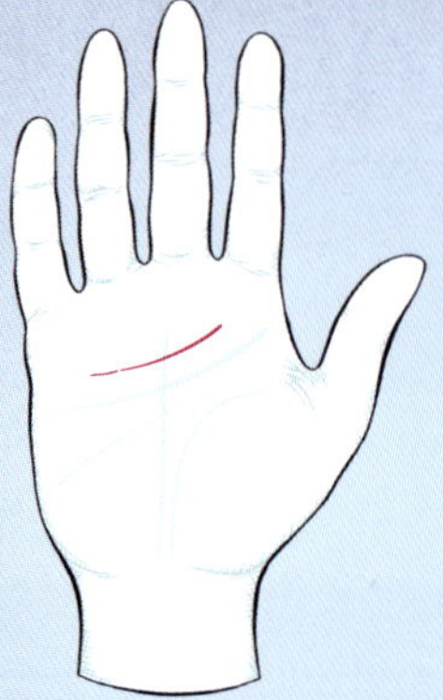

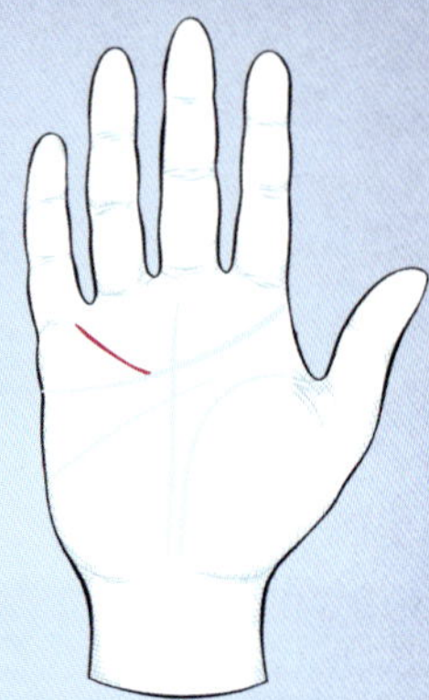

LINIE DER ILLUSIONEN (SATURNRING, VENUSGÜRTEL)

Sie verläuft über und parallel zur Herzlinie. Oft wird sie von vielen zarten, manchmal aber auch einer durchgezogenen Linie gebildet. Die Linie der Illusionen steht für einen starken Hang, allem Weltlichen und dem physischen Dasein zu entfliehen. Sie ist eine Art überhöhte Herzlinie, auf der die Emotionen in ein magisches Reich entrückt sein wollen. Ein besonders ausgeprägter Sinn für Luxus und Dekadentes ist ebenso typisch wie die Lust an exotischen Genüssen. Ist die Linie stark und markant, kommt der Mensch nie zu hundert Prozent in der realen Welt an und sucht immer nach Möglichkeiten zur Flucht.

SCHLÜSSELWÖRTER

Dekadent, Eskapismus

LINIE DER LEIDENSCHAFT

Diese Linie geht mit viel Aufregung einher – entweder, weil diese Menschen »es« haben oder »es« eben nicht haben. Sie zweigt in einem Winkel auf etwa der Hälfte der Herzlinie nach oben Richtung Antennenfinger ab. Um von Bedeutung zu sein, muss sie komplett ausgebildet sein und darf keine Brüche aufweisen. Bei Trägern dieser Linie ist die Sexualität um eine visuelle und fantasievolle Komponente erweitert. Ausschlaggebend bei der Partnerwahl ist die körperliche Attraktivität. Sie steht nicht unbedingt für einen stark ausgeprägten Sexualtrieb, aber ein ausgeprägter Sinn für Erotik ist bei diesen Menschen immer vorhanden.

SCHLÜSSELWÖRTER

Ausgeprägter Sinn für Erotik

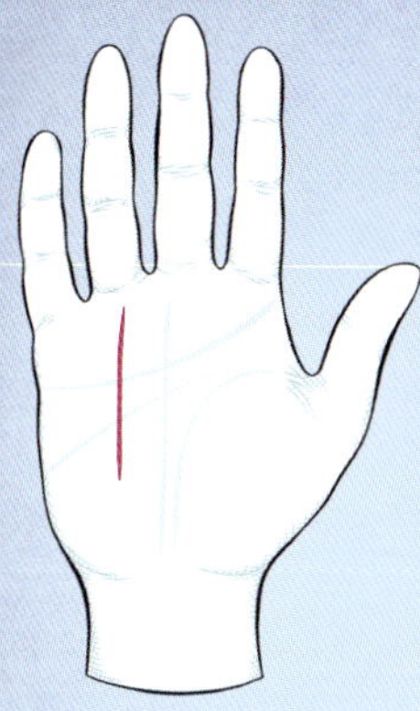

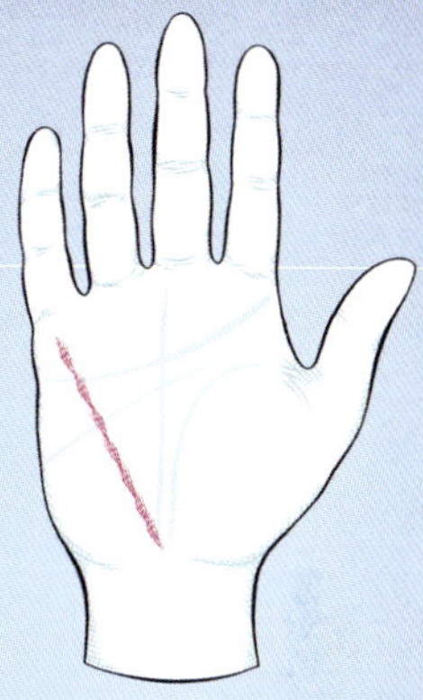

APOLLOLINIE

(SONNENLINIE, LINIE DER INNEREN WELTEN)

Eine gerade, feine Linie, die senkrecht zum Pfauenfinger hinaufreicht. Oberhalb der Herzlinie ist sie so gut wie immer zu sehen; bemerkenswert ist sie nur, wenn sie gut zwei Zentimeter über diese hinaus nach unten reicht. Nach traditioneller Deutung ist sie ein Zeichen für Berühmtheit und ein Leben in der Öffentlichkeit. Meist findet man sie jedoch bei Leuten, die dem Ruhm zu entkommen suchen. An der passiven Hand steht sie für ein Gefühl des Einsseins, die Fähigkeit, sich selbst zu vergessen, Zufriedenheit und ein Bedürfnis nach Frieden und Alleinsein. An der aktiven Hand ist sie bei Leuten anzutreffen, die mit Kunst oder spirituellen Praktiken zu tun haben und die ein glückliches, erfülltes Leben führen.

SCHLÜSSELWÖRTER

Nach innen schauend, künstlerisch, spirituell

MERKURLINIE

(HEPATICA, LINIE DER NERVENAKTIVITÄT)

Dies ist die wohl am häufigsten anzutreffende Nebenlinie; bei Menschen fortgeschrittenen Alters ist sie so gut wie immer vorhanden. Sie reicht in einer einzelnen oder aus vielen Einzelstrichen bestehenden Linie vom Anfang der Lebenslinie bis hinauf zum Antennenfinger. Ihre Form ist individuell sehr verschieden, mal ist sie tief eingegraben, mal sind es leiterartige Einritzungen, mal ist es einfach eine lange, dünne Linie. In dem seltenen Fall, dass sie klar, gerade und fein ist, deutet sie auf eine Fähigkeit zur geistigen Konzentration und Inspiration sowie die Fähigkeit zum Querdenken hin. Ist sie tief eingegraben, kann sie ein Indiz für Hypernervosität sein.

SCHLÜSSELWÖRTER

Weisheit, geistige Beweglichkeit, Nervosität

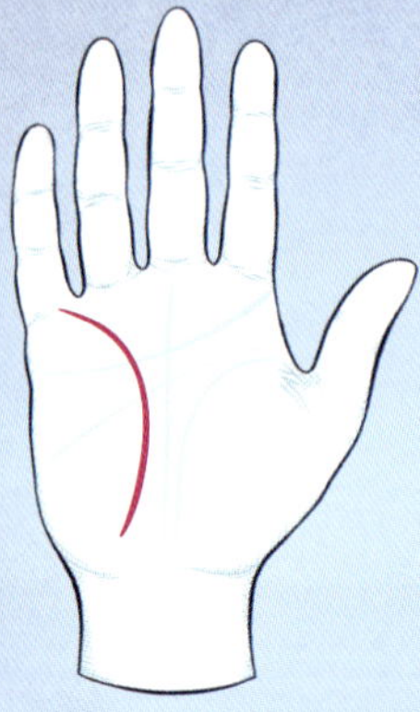

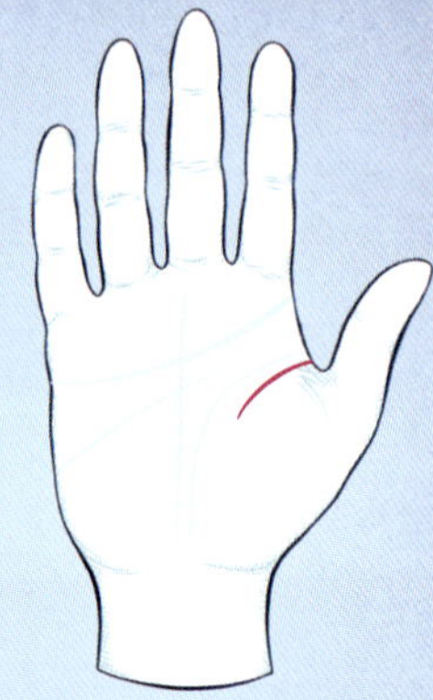

GEISTESLINIE
(LINIE DER INTUITION)

Diese Linie ist leicht mit der Merkurlinie zu verwechseln, da sie im gleichen Handbereich liegt. Sie ist jedoch stark gebogen und bildet ein feines, spiegelverkehrtes C, das vom Meer des Unbewussten hinauf zum Antennenfinger reicht. Sie steht für übersinnliche Wahrnehmung und eine starke Intuitionsgabe.

SCHLÜSSELWÖRTER
Übersinnliche Fähigkeiten, Intuition

MARSLINIE
(KAMPFLINIE, VITALITÄTSLINIE)

Diese Linie ist in das obere Ende der Lebenslinie nahe am Daumen eingebettet. Relevant ist sie nur, wenn sie rot, klar und mindestens 2,5 Zentimeter lang ist. Dann steht sie für den Konkurrenztrieb und die Lust, sich Herausforderungen zu stellen. Selbst wenn der Träger nicht aktiv in den Wettbewerb tritt, neigt er dazu, sich selbst herauszufordern und sich weder der Müdigkeit hinzugeben noch ein Versagen zuzulassen. Sehr selten ist die Marslinie mit der Kopflinie verbunden. Dies kann ein Indiz für übermäßige Aggressivität und eine stark defensive Haltung sein. Oft findet man dies bei Leuten, die sich in permanentem Kampf gegen subjektiv wahrgenommene Aggression und Domination befindet.

SCHLÜSSELWÖRTER
Dynamisch, defensiv, kampflustig

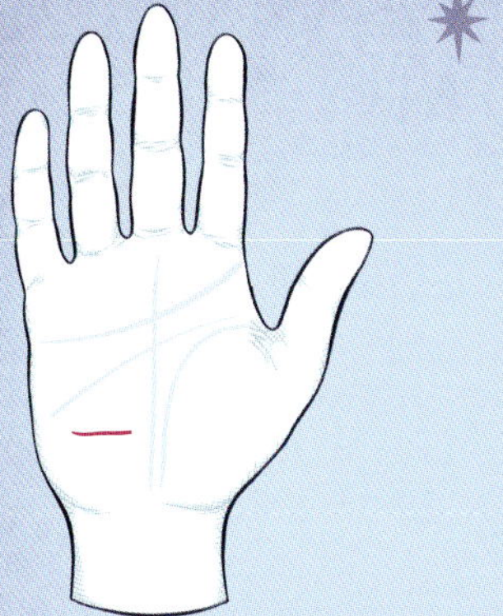

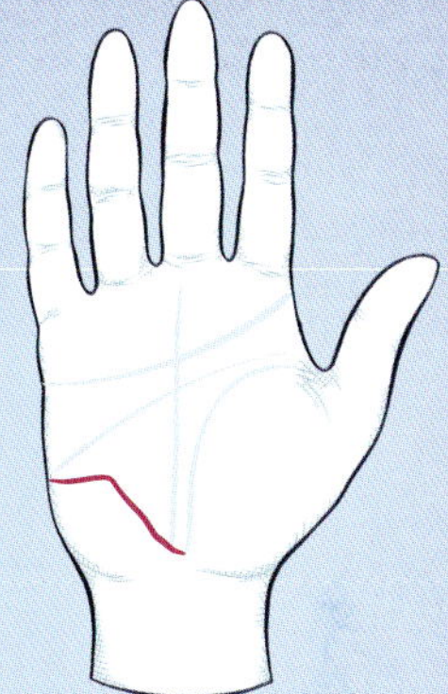

INTENSITÄTSLINIE

Diese häufig anzutreffende Linie ist fein, verläuft waagerecht und gerade und liegt im Meer des Unbewussten. Sie verweist auf die Unfähigkeit, sich zu entspannen und abzuschalten. Eine Störung im Bereich der Nebennieren und ein Bedürfnis nach ständiger Stimulation können im Hintergrund stehen. Die Linie blockiert den Zugang zum Unbewussten und deutet folglich auf einen Unwillen hin, tief ins eigene Innere zu schauen. Träger dieses Zeichens benötigen Leidenschaft im Leben und gehen gern Risiken ein.

SCHLÜSSELWÖRTER
Rastlos, kann nicht entspannen, geht Risiken ein

ALLERGIELINIE

Diese Linie befindet sich an derselben Stelle wie die Intensitätslinie, ist aber in Form und Aussehen ganz anders. Sie beschreibt einen Bogen und wird oft von vielen kleinen Einzellinien gebildet. Sie kann Indiz für ein überreagierendes Immunsystem und generell für eine Neigung zu Allergien sein. Besonders aussagekräftig ist sie, wenn sie in die Lebenslinie hineinreicht oder diese stört.

SCHLÜSSELWÖRTER
Immunabwehr

SAMARITERLINIEN (1)
Eine Serie von feinen senkrechten Linien unterhalb des Antennenfingers, die gerade so die Herzlinie berühren oder dicht an sie heranreichen. Bemerkenswert sind sie erst, wenn es mindestens vier sind. Wie alle Nebenlinien können auch sie sich schnell zeigen und wieder verschwinden; oft erscheinen sie, wenn sich jemand in Pflege oder Heilung engagiert.

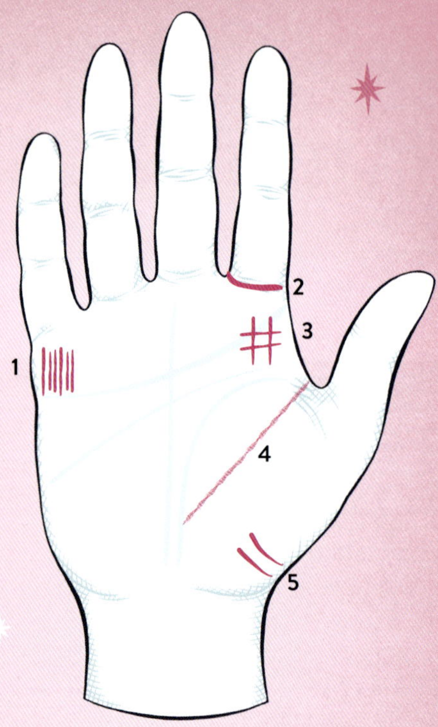

SALOMON-RING (2)
Eine feine halbkreisförmige Linie an der Wurzel des Spiegelfingers, die selten zu finden ist. Sie deutet auf die Fähigkeit hin, den Fokus von sich wegzulenken und in andere Menschen hineinzuschauen. Sie geht mit einer natürlichen Neigung zu analysieren und einem Interesse an Psychologie einher.

LEHRERRAUTE (3)
Die Lehrerraute befindet sich unter dem Spiegelfinger und wird von vier feinen, sich überschneidenden Linien gebildet. Sie deutet auf ein Talent im Führen von Menschen hin. An der passiven Hand ist sie Indiz für einen starken, fördernden Elternteil. Manchmal führt ein Abzweig von der Herzlinie in die Raute hinein und vereint sich mit ihr – ein Indiz für einen sehr engagierten, fürsorglichen Menschen, der mit ganzem Herzen bei der Sache ist.

LOYALITÄTSLINIE (4)
Sie sieht eher aus wie eine diagonale Falte im unteren Bereich des Venushügels und ist sehr häufig anzutreffen. Ihre Träger empfinden eine tiefe, instinktive, ursprüngliche Loyalität zu Heim, Familie, Heimat oder Berufung. Durchschneidet sie die Lebenslinie und ist diese an derselben Stelle gespalten, deutet das auf einen massiven Loyalitätskonflikt hin, der die Stabilität dieses Menschen ernsthaft gefährden kann.

KINDERLINIEN (5)
Die Kinderlinien befinden sich an der aktiven Hand unten am Venushügel. Die Striche sind klar, stark und gebogen, und es gibt je einen für jedes Kind, um das ein Mensch sich kümmert und zu dem er ein nahes Verhältnis unterhält.

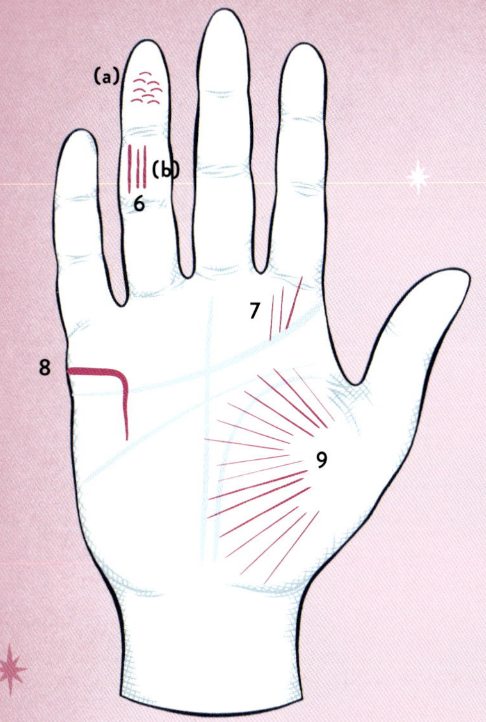

ZUNEIGUNGSLINIEN (8)
Zuneigungslinien zeigen sich ganz am äußeren Rand der Hand unterhalb des Antennenfingers. Wenn sie nicht mindestens 1,5 Zentimeter lang sind, kannst du sie komplett ignorieren. Reichen sie aber 2,5 Zentimeter oder mehr in den Handteller hinein, sind sie ein starkes Zeichen. Ist die Linie lang und gerade, schneidet sie den Intimitätsbereich (unterhalb des Antennenfingers) ab und steht für eine schier unendlich erscheinende Suche nach dem richtigen Partner. Knickt sie nach unten ab und endet nah an der Herzlinie oder durchkreuzt sie diese, besteht eine unterschwellige Neigung zu schwierigen Paarbeziehungen. Biegt sie nach oben zum Antennenfinger ab, dürfte dieser Mensch Probleme haben, sich auf Nähe einzulassen.

FINGERKUPPENSTRICHE (6)
Horizontale Striche (a) zeigen eine Störung oder Hyperaktivität des endokrinen Systems an, wie sie sehr häufig bei Heranwachsenden und während der Menopause auftreten, wenn hormonelle Verschiebungen körperliche Veränderungen bewirken. Zeigen sie sich in anderen Lebensphasen, signalisieren sie massiven Stress oder Erschöpfung. Senkrechte Striche an den Fingergliedern (b) stehen mit der Aktivität der Nebennieren in Verbindung.

STREBSAMKEITSLINIEN (7)
Diese haarfeinen Striche, die sich von der Lebenslinie Richtung Spiegelfinger ziehen, sind häufig zu finden und immer ein positives Zeichen. Sie sprießen als neue Ableger aus der Wurzel der Lebenslinie und zeigen unsere Ambitionen und Ziele. An der aktiven Hand steht jeder Strich für ein Bemühen, im Leben voranzukommen. An der passiven Hand deuten sie eher auf ein Interesse an persönlicher Weiterentwicklung hin.

STRESSLINIEN (9)
Bei den meisten Menschen ziehen sich ein paar feine Linien quer über den Venushügel. Sind es aber sehr viele, sodass sie den Hügel komplett bedecken, sind sie ein Zeichen für großen Stress im Bereich von Heim und Körper.

MARKIERUNGEN UND WAS SIE BEDEUTEN

In den meisten Handflächen findest du mal hier, mal da einen Kreis, einen Stern, ein Hautknötchen, ein Dreieck oder irgendeine andere wie hingekritzelte oder undefinierbare Markierung.

Bitte beachte, dass solche Markierungen immer nur im Hinblick auf die Themen des Quadranten zu deuten sind, in dem sie sich befinden. Entdeckst du zum Beispiel ein Dreieck im Bereich von Heim, Körper und Familie, betrifft es ausschließlich diese Themen im Leben eines Menschen. Befindet sich die Markierung auf einer Nebenlinie oder wird von dieser gebildet (was oft der Fall ist), ist sie bloß in diesem Zusammenhang zu sehen. Findest du also ein Kreuz auf der Geisteslinie im Meer des Unbewussten, hat es immer damit zu tun, dass in der Tiefe des Unbewussten auf der spirituellen Ebene eine Entscheidung ansteht. Es könnte einen kritischen Scheideweg anzeigen, wenn sich beispielsweise verschiedene spirituelle Pfade auftun oder es um die Wahl eines spirituellen Lehrers geht. Hältst du dich an diese Regel und deutest Markierungen immer im Zusammenhang mit ihrem Ort an der Handinnenfläche und (gegebenenfalls) der Linie, mit der sie in Zusammenhang stehen, wird sich dir ihre Bedeutung leicht erschließen.

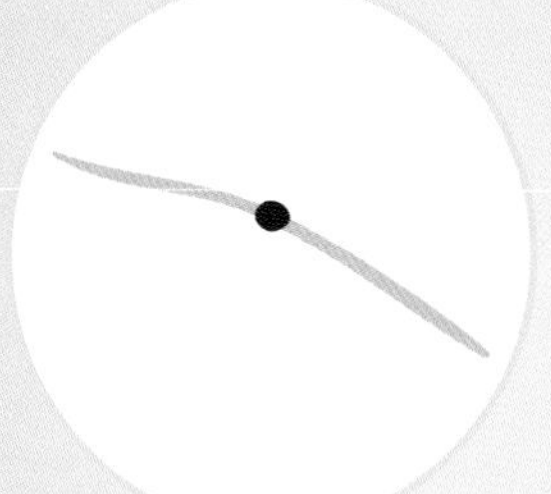

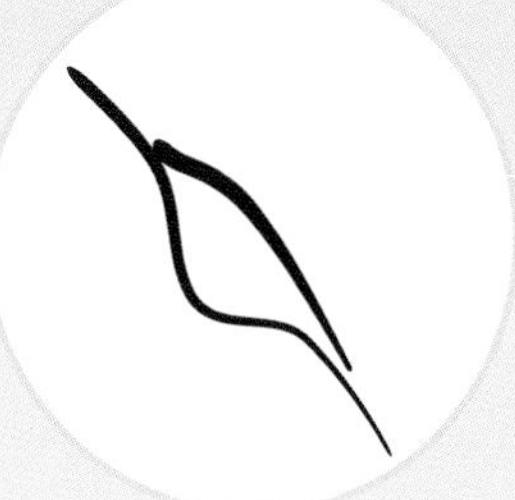

PUNKTE

Dies sind kleine rote Punkte, die sich in der Regel auf den Hauptlinien befinden. Sie zeigen Momente an, in denen Emotionen oder Wut zu einem Kontrollverlust geführt haben.

SCHLÜSSELWÖRTER
Emotional, unkontrollierbar

INSELN

Von Inseln spricht man, wenn sich eine Linie teilt und dann wieder vereint. Sie sind ein Zeichen für Stress und dafür, dass eine Situation übermäßig aufgebläht wird. Die Linie, auf der du sie entdeckst, hilft dir einzuordnen, in welchem Bereich ihr Einfluss am stärksten zum Tragen kommt. Das Vorhandensein einer Insel lässt es immer ratsam erscheinen, externe Hilfe oder Beratung in Anspruch zu nehmen.

SCHLÜSSELWÖRTER
Dramatisch, unruhiger Geist

DREIECKE

Dreiecke sind in der Regel Zeichen für einen extrem strukturierten, hochkomplexen Bereich im Leben eines Menschen oder für eine ganz besondere Begabung. Man findet sie meist gegen Ende oder am Anfang der Hauptlinien und oft auch, wenn eine kurze Linie eine Liniengabelung durchkreuzt. Stell dir Dreiecke als Orte vor, an denen Kräfte so gesteuert und gebündelt werden, dass etwas Starkes Gestalt annimmt und zum Ausdruck kommen will.

SCHLÜSSELWÖRTER
Ausdrucksstark, weltgewandt

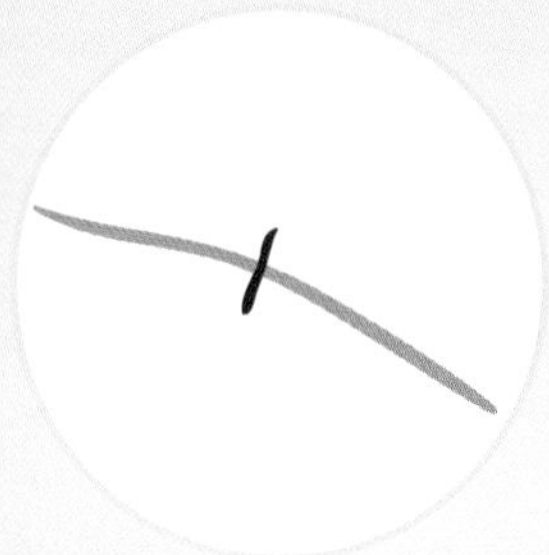

QUERSTRICHE

Oft kreuzen kleine Querstriche die Haupt- oder Nebenlinien. Sie sind sehr kurz, sehen meist wie kleine Nahtstiche aus und verweisen auf irgendein äußeres Hindernis, das den Energiefluss in der betreffenden Linie unterbricht. Sie sind wie eine Barriere, die man überspringen muss – eine Hürde, die sich dem Träger in den Weg stellt. Wie sich die Linie anschließend weiterentwickelt, ist entscheidend. Bleibt sie gleich stark und ihr Fluss wird nicht unterbrochen (was normalerweise der Fall ist), stellt das Hindernis keine ernsthafte Bedrohung für das Leben dieses Menschen dar.

SCHLÜSSELWÖRTER
Hindernisse überwinden

STERNE

Sterne werden von drei oder mehr kleinen Strichen gebildet, die sich in einem Punkt überschneiden. Solche Kreuzungspunkte sind kleine Energieexplosionen und deuten auf eine Häufung von Chancen und Entscheidungsmöglichkeiten hin. Sie gelten als Glückszeichen, weil sie Punkte im Leben markieren, an denen sich Gelegenheiten auftun, die plötzlich Dinge möglich machen. Wie alle kleinen Markierungen können sie sehr schnell kommen und gehen.

SCHLÜSSELWÖRTER
Gelegenheiten, Energieschub

KREUZE

Kreuze sind ein häufiges Zeichen und können sich überall auf dem Handteller zeigen. Handelt es sich lediglich um die Überschneidung zweier Linien, wenn beispielsweise die Schicksalslinie (was häufig vorkommt) die Kopf- oder Herzlinie quert, gilt das nicht als Kreuz. Interessant ist nur, wenn zwei Striche einander überkreuzen. Das bedeutet, dass zwei Energieströme in Konflikt geraten. Hier gilt es, in einer Auseinandersetzung eine wichtige Entscheidung zu treffen. Dabei kommt es sehr darauf an, wie die Linie nach dem Kreuz aussieht. Bleibt sie klar und stark, ist kein ernsthafter Verlust oder Wandel zu erwarten.

SCHLÜSSELWÖRTER
Konflikt, Zeit zu handeln

UNTERSTÜTZUNGSLINIEN

In den allermeisten Händen verlaufen einige sogenannte Unterstützungslinien auf der dem Venushügel zugewandten Seite parallel zur Lebenslinie. Ist nur eine einzige starke Linie vorhanden, ist das ein Zeichen für jemanden, der ein Doppelleben führt. In der Regel wirst du jedoch mehrere feine Linien sehen, die jeweils für lebenslange Freundschaften, hilfreiche Verwandte und unterstützende Strukturen im Leben eines Menschen stehen. Sind sehr viele dieser Linien vorhanden, hast du es mit einem Menschen zu tun, der viele Regeln, Routinen, Freundschaften und Strukturen im Leben braucht.

SCHLÜSSELWÖRTER
Unterstützend, sozial

PRÄGEZEICHEN AN DER HANDFLÄCHE

An den Fingerbeeren ist bei jedem von uns ein Muster eingeprägt, aber in etwa der Hälfte aller Fälle findest du auch an der Handinnenfläche ein oder mehrere solcher Prägezeichen.

Auch hier gilt die allgemeine Regel: Schau immer, in welchem Bereich der Hand sich das Zeichen befindet; nur dann kannst du Schlüsse ziehen, welche Themen es betrifft. Die meisten treten im Meer des Unbewussten auf, aber manche befinden sich auch an anderen Stellen. Sie sind sehr schwierig zu erkennen, besonders bei seidiger Hautbeschaffenheit oder wenn der Handteller stark strichliert ist. Du wirst also wahrscheinlich eine Lupe brauchen, um sie richtig sehen zu können.

Nachdem du beide Hände abgesucht hast, vergleiche das Ergebnis und achte auf die Unterschiede. Wie immer erklären auch hier Abweichungen zwischen der aktiven und der passiven Hand die Widersprüche zwischen innerer und äußerer Persönlichkeit.

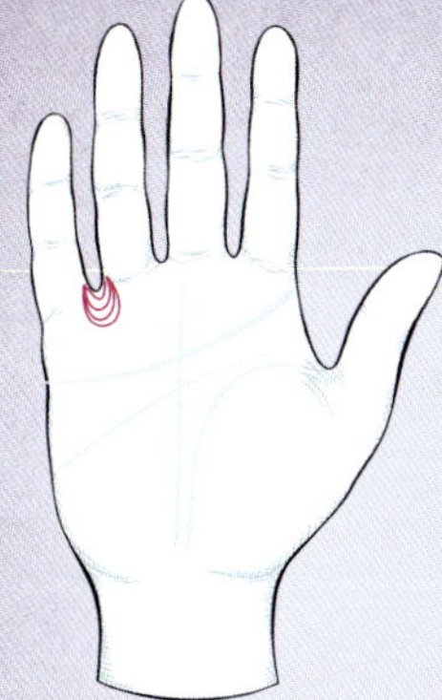

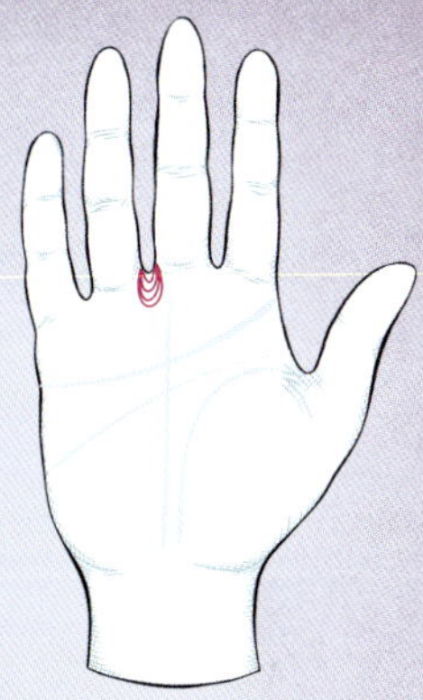

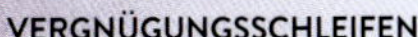

VERGNÜGUNGSSCHLEIFEN

Bei einer ringförmigen Prägung zwischen den Fingern spricht man von »Interdigitalschleifen«. Befinden sich diese zwischen Pfauen- und Antennenfinger, werden sie als Vergnügungsschleifen bezeichnet. Bei den Trägern dieses Zeichens genießt das Vergnügungsprinzip Priorität, und sie legen sehr viel Wert auf ihre Freizeit. Oft machen sie ihr Hobby zum Beruf. Spaß und Vergnügen geben sie immer den Vorzug gegenüber der Karriere.

SCHLÜSSELWÖRTER

Erst das Spiel, dann die Arbeit

FLEISSSCHLEIFEN

Sie befinden sich zwischen Mauer- und Pfauenfinger und weisen ihre Träger als Menschen aus, die in ihrer beruflichen Tätigkeit aufgehen. Sie haben Spaß an der Arbeit und lieben es, viel beschäftigt zu sein. Meist entscheiden sie sich für ernste, praktische, gut bezahlte Berufe. Karriere zu machen ist ihnen sehr wichtig, und sie investieren sehr viel Energie in die von ihnen gewählte Aufgabe. In dem seltenen Fall, dass in einer Hand sowohl Vergnügungsschleifen als auch Fleißschleifen zu finden sind, ist dies Zeichen für einen Menschen, der einerseits hart arbeitet und andererseits mit Besessenheit spielt.

SCHLÜSSELWÖRTER

Erfolgsgetrieben, engagiert

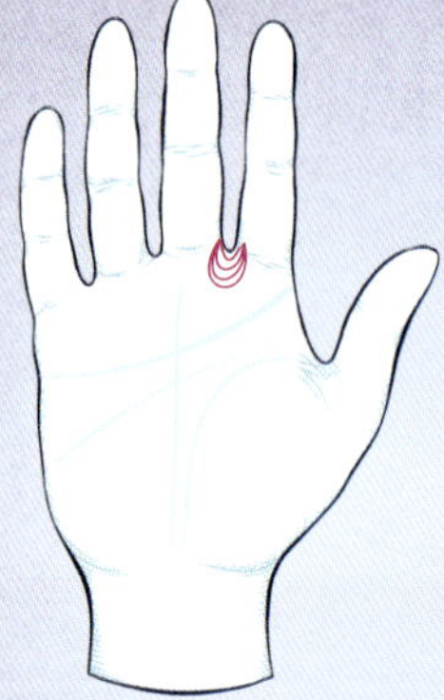

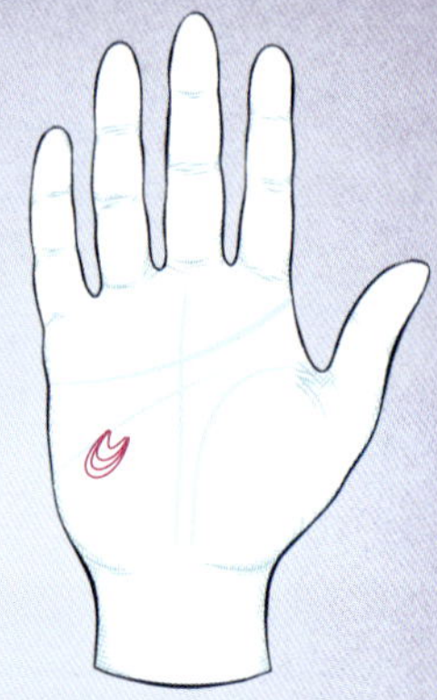

FÜHRUNGSSCHLEIFEN

Sehr selten zeigt sich ein Prägezeichen zwischen Spiegel- und Mauerfinger. Es weist auf eine natürliche Organisationsgabe und ein besonderes Talent hin, sich innerhalb einer Gruppe einen besonderen Status zu erwerben oder sich Respekt zu verschaffen. Diese Menschen sind fähig, in einer Krise die Führung zu übernehmen und ein Unternehmen, eine Gruppe, eine Organisation oder einen Verein zu leiten.

SCHLÜSSELWÖRTER
Organisiert, führungsstark

MEDIALE SCHLEIFEN

Ein Prägezeichen auf halber Höhe der Hand nah am Meer des Unbewussten und irgendwo in der Gegend der Kopflinie deutet auf eine erhöhte Bewusstheit und in der Regel auch auf eine verstärkte Wachheit für Déjà-vu-Erlebnisse hin. Von einer medialen Begabung ist mit hoher Wahrscheinlichkeit auszugehen; ebenfalls von dem Talent, zur rechten Zeit am rechten Ort zu sein. Manchmal endet die Kopflinie direkt in diesem Prägezeichen, was ein absoluter Hinweis auf übersinnliche Fähigkeiten ist.

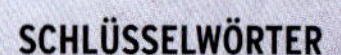

SCHLÜSSELWÖRTER
Hyperbewusst, spirituell

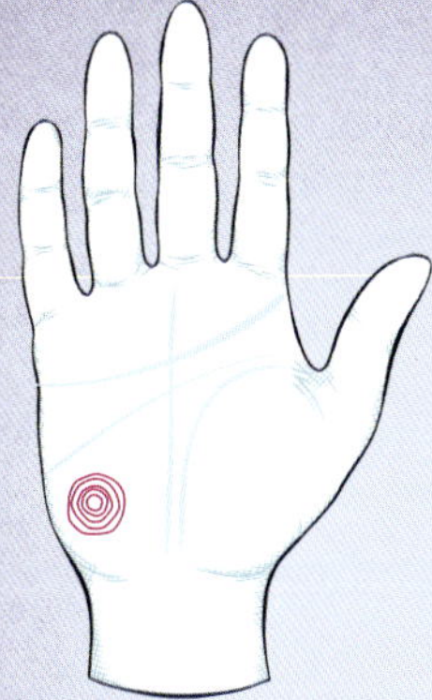

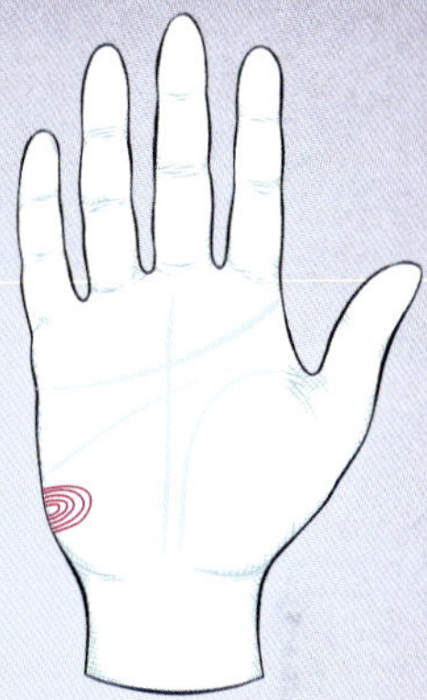

EREMITENWIRBEL

Dieses Prägezeichen liegt mitten im Meer des Unbewussten und weist auf eine Faszination für Träume, für die tieferen Schichten des Geistes, für Spiritualität und das Unbewusste hin. Für andere ist es schwer, ein nahes Verhältnis zu diesen Menschen aufzubauen, da sie ein starkes Bedürfnis haben, sich nicht in der Tiefe zu offenbaren. Dies ist ein Zeichen für ein hohes Maß an Kreativität. Stets besteht der Wunsch, sich abzukapseln und sich Freiraum zur Introspektive zu verschaffen. Für längere Zeit allein zu sein ist Menschen mit diesem Zeichen ein Grundbedürfnis. Oft bleiben sie in sich selbst gefangen oder in der Begegnung mit anderen an oberflächlichem Geplänkel hängen, das sie nicht in ihrem innersten Wesenskern berührt.

SCHLÜSSELWÖRTER

Träumer, zurückgezogen, introvertiert

NATURSCHLEIFEN

Diese Schleifen öffnen sich zur Handkante hin und sind nicht mit medialen Schleifen zu verwechseln, deren Öffnung in die entgegengesetzte Richtung weist. Sie deuten auf eine Empfänglichkeit für die Energien der Erde und auf eine Liebe zur Natur hin. Wer dieses Zeichen trägt, hat ein Talent zum Wünschelrutengänger sowie heilerische Fähigkeiten und ist in der Lage, Energiepunkte im Körper und in der Erde zu erspüren. Normalerweise besteht bei diesen Menschen eine Faszination für alles Geheimnisvolle und Unbekannte.

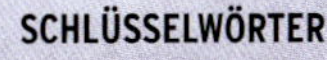

SCHLÜSSELWÖRTER

Naturliebhaber

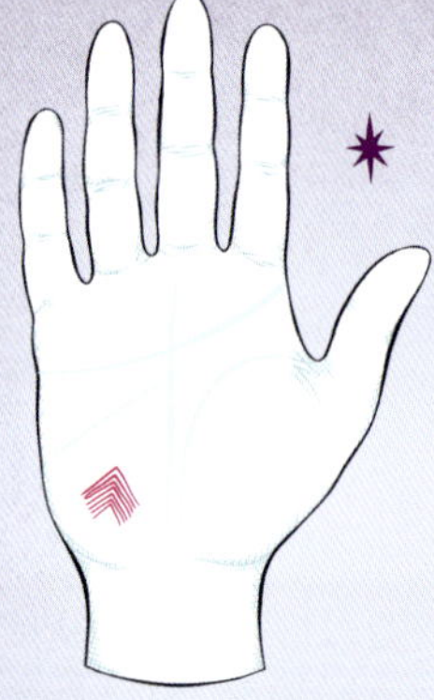

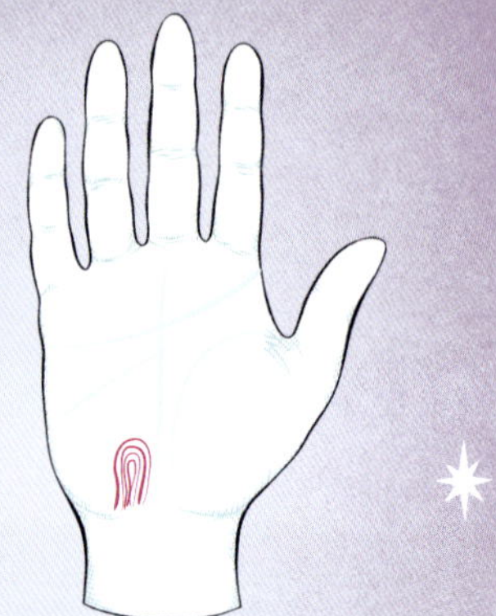

BOGEN IM MEER DES UNBEWUSSTEN

Ein Unterdrückungszeichen, das auf eine Unfähigkeit hinweist, anderen Einblick in die eigenen tieferen Bedürfnisse und Motive zu gewähren. Dies hemmt den Selbstausdruck und den Wunsch, sich den Mitmenschen gegenüber zu öffnen. Ein Ventil zum Selbstausdruck muss folglich auf der körperlichen Ebene gefunden werden. Kein Zeichen für Feinfühligkeit in der Sexualität. Menschen mit diesem Zeichen fällt es meist schwer, sich aufzustylen oder in Szene zu setzen.

SCHLÜSSELWÖRTER
Verschlossen, introvertiert

INSPIRATIONSSCHLEIFEN

Dieses Prägezeichen steigt von der Handwurzel auf und ist wie ein Brunnen, der sich aus den tiefsten Schichten im Inneren speist und Eindrücke, Visionen und Träume aus dem Gedächtnisquell des Unbewussten zutage fördert. Für die Träger dieses Zeichens enthalten Träume stets starke, aufschlussreiche Botschaften.

SCHLÜSSELWÖRTER
Träumer

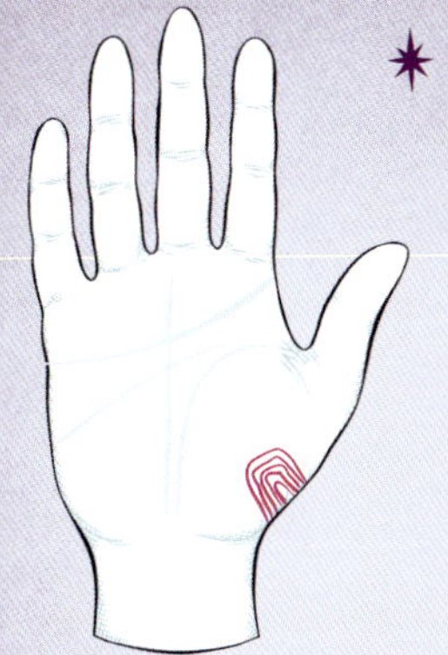

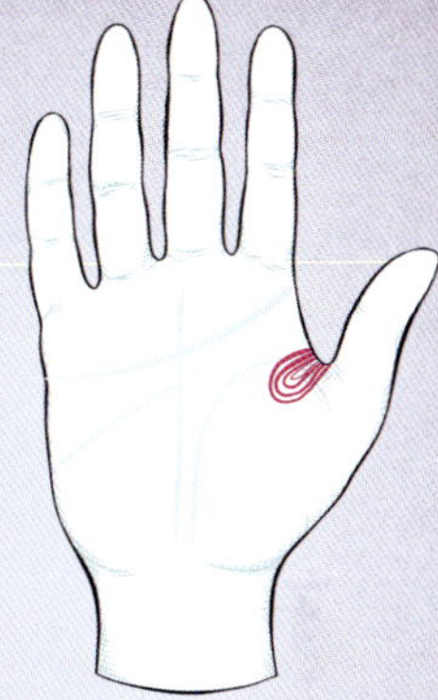

Rhythmusschleifen

Dieses Zeichen befindet sich am unteren Rand des primären Heim-, Körper- und Familienquadranten. Meist ist das Muster quadratischer geformt, als Schleifen es im Normalfall sind. Es deutet immer auf ein starkes Rhythmusgefühl und eine Liebe zur Musik hin.

SCHLÜSSELWÖRTER
Musikalisch

Marsschleifen (Kampfschleifen)

Diese Markierung in der Hautfalte unmittelbar oberhalb des Daumens ist ein Indiz für Elan und Energie. Sie weist ihre Träger als Menschen aus, die über physischen Mut verfügen und Herausforderungen suchen und brauchen. Diese Leute lieben das Risiko und treiben sich selbst hart voran.

SCHLÜSSELWÖRTER
Schwungvoll, energisch, mutig

4

HÄNDE LESEN

EIN READING GEBEN

Kommen wir nun zur Praxis und schauen wir uns an, wie du ein Reading gestalten kannst. Eines solltest du dabei unbedingt beachten: Ob professionell oder privat, Handlesen ist eine wohlwollende, zugewandte Kunst. Sei stets bemüht, Freude und Positivität zu vermitteln, indem du nach dem Besten Ausschau hältst, das in einem Menschen steckt.

Menschen, die sich die Hände lesen lassen, erleben danach oft einen großen Durchbruch. Sie können die Landkarte ihres Lebens neu zeichnen und enorm von dieser Erfahrung profitieren. Es ist, als würdest du ihnen einen Spiegel vor die Seele halten, und auf einmal sehen sie sich, wie sie wirklich sind. Das ist die Magie eines Readings. Darin liegen seine Kraft und sein Potenzial.

Alles fängt bei dir, dem Lesenden, an. Du musst dich mental in die richtige Verfassung bringen. Lerne, tief in den Bauch zu atmen. Das bringt dich zur Ruhe, und du bleibst entspannt.

Widme dich zunächst der Persönlichkeitsstruktur – den festen Mustern, die diesen Menschen ein Leben lang begleiten. Schau dir immer beide Hände an und achte auf die Unterschiede. Es kommt vor allem darauf an, diese Grundanlagen mit den Linien zu kombinieren. Die Form, Hautbeschaffenheit, Prägungen und Fingerlängen fließen also in deren Deutung ein.

Achte darauf, jeden einzelnen Punkt leicht verständlich zu erklären. Vergiss nie, dass jedes Zeichen eine gute und eine schlechte Seite hat. Schau bei allem, was du ansprichst, nach dem Guten (aber sei ehrlich in Bezug auf das Negative). Sei diplomatisch. Sprich ernste Themen nie von dir aus an. Dein Gegenüber wird es tun, wenn er oder sie es möchte. Du wirst oft intuitive Eingebungen haben (auch wenn dir das bisher nie passiert ist). Ein Reading gewinnt durch sie an Substanz, doch sie wollen im Zaum gehalten werden. Berichte darüber, aber lass dich nicht vom Wesentlichen ablenken und gleite nicht ins »Mystische« ab. Mit zunehmender Übung wird deine Intuition klarer; sie wird dir helfen, deine Readings farbig und lebendig zu gestalten. Dann bekommen sie wirklich etwas Magisches.

1

BESTIMME DIE GRUNDFORM DER HÄNDE. WELCHEM ELEMENT SIND SIE ZUZUORDNEN? ERDE, FEUER, WASSER ODER LUFT?

2

BESTIMME DIE HAUTBESCHAFFENHEIT, INDEM DU SANFT MIT DEM FINGER ÜBER DIE HANDINNENSEITE STREICHST.

3

SCHAU DIR DIE FINGER AN, MISS IHRE LÄNGE UND BIEGE SIE NACH HINTEN, UM IHRE FLEXIBILITÄT ZU PRÜFEN.

4

HALTE NACH PRÄGEZEICHEN AUSSCHAU.

5

NACHDEM DU DEN GRUNDCHARAKTER DEINES KLIENTEN BESCHRIEBEN HAST, KOMMST DU ZU DEN LINIEN. NIMM DIR EINE NACH DER ANDEREN VOR UND ANALYSIERE SIE SCHRITT FÜR SCHRITT.

EINEN HANDABDRUCK ANFERTIGEN

Eine einfache, praktische Technik, die du unbedingt lernen solltest, ist das Anfertigen von guten, klaren Handabdrücken. Auch wenn es nicht immer möglich ist, sie zu erstellen, sind sie enorm hilfreich. Man erkennt darauf nicht nur zarteste Prägungen und Linien, die an der echten Hand nicht zu sehen sind, sondern ein Abdruck ist auch viel einfacher zu analysieren und einzuordnen.

1. Miss die Länge und Biegsamkeit der Finger und prüfe die Hautbeschaffenheit. Drücke etwa 1,25 Zentimeter Farbe aus der Tube auf eine glatte, nicht saugfähige Fläche.

2. Bewege einen Tintenroller darin hin und her, bis die Walze mit einem gleichmäßigen, möglichst dünnen Film überzogen ist. Rolle sie dann über die Handfläche einschließlich der Finger, bis die gesamte Handinnenseite mit einer hauchfeinen Farbschicht bedeckt ist.

3. Drücke die Hand auf ein Blatt Papier. Achte darauf, dass sie überall gut in Kontakt ist, dann ziehe sie vorsichtig vom Papier ab. Halte das Papier dabei mit einer Hand auf der Unterlage fest. Manche Hände sind besonders hohl, sodass die Handmitte nicht abgebildet wird. In dem Fall wiederhole das Ganze, hebe die Hand mitsamt Papier von der Unterlage ab und drücke es sanft mit den Fingern in diese Kuhle hinein. Dann zieh das Papier vorsichtig ab.

4. Nimm die Daumenabdrücke separat. Bitte dein Gegenüber, den eingefärbten Daumen auszustrecken, bevor du ihn fest aufs Papier drückst.

5. Sobald die Farbe getrocknet ist, notiere dir darauf die gesammelten Informationen: Rechts- oder Linkshänder = RH oder LH. Handform: H = Habicht; Sk = Schildkröte; S = Schlange, T = Tiger. Vermerke die Hautbeschaffenheit. Ein Pfeil nach oben = ein langer Finger; ein Pfeil nach unten = ein kurzer Finger. Bewerte Finger- und Daumenbeweglichkeit von 1 bis 5 (1 = steif, 5 = extrem flexibel).

5

ÜBUNGS-HÄNDE

HANDPAAR 1

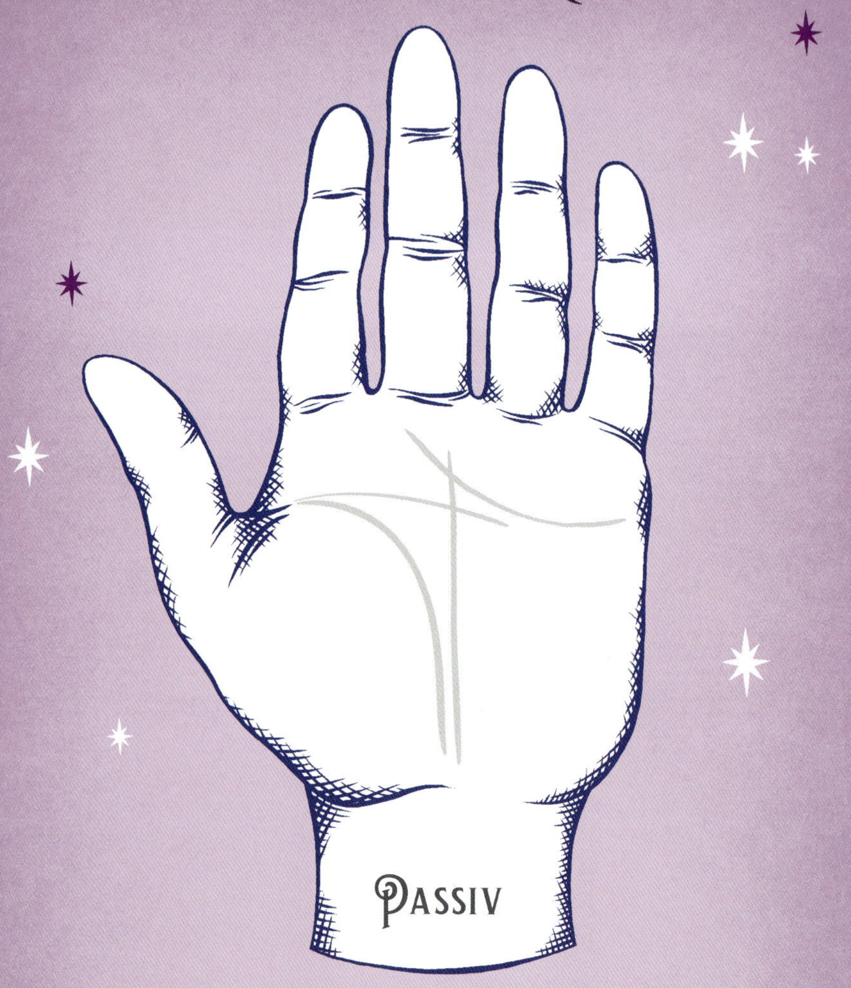

1. Welche Handform ist dies?

2. In welcher Art Beruf dürfte dieser Mensch arbeiten?

3. Die Hautbeschaffenheit ist grob. Was sagt dir das?

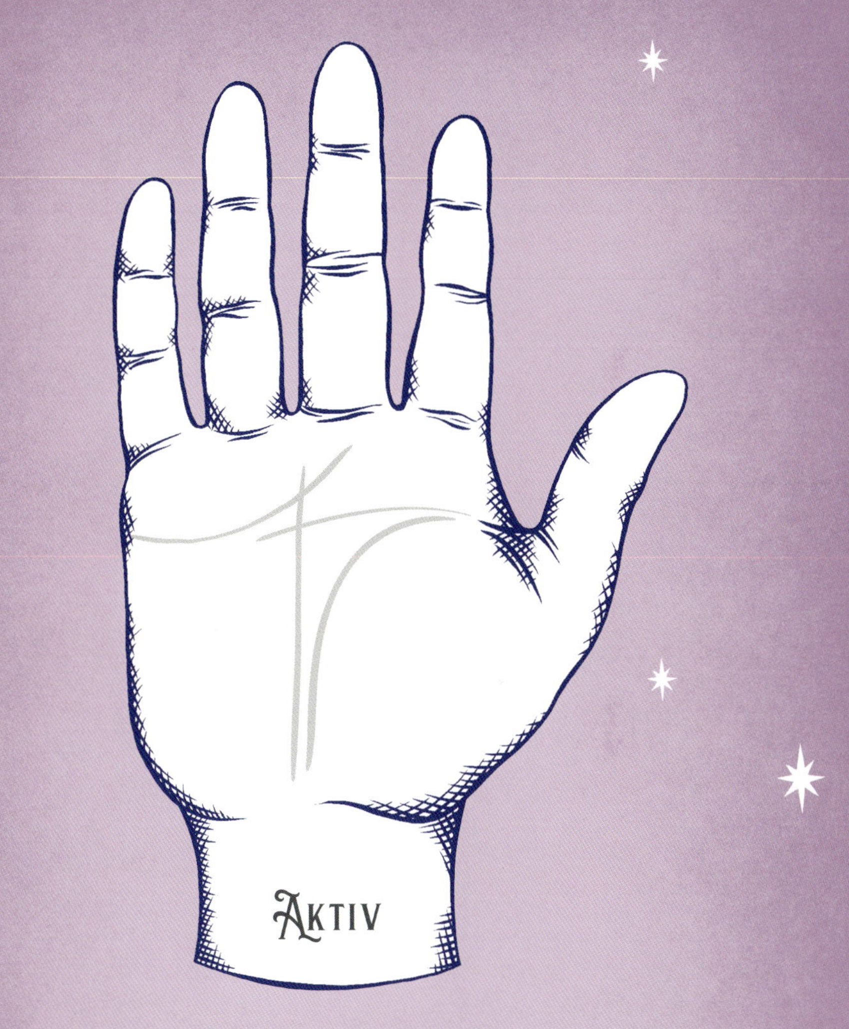

4. Schau dir die Kopflinie an: Ist dies ein poetischer, tiefgründiger, subjektiver Denker?

5. Wie sieht es mit dem Selbstbewusstsein aus? Achtet dieser Mensch gut auf sich? Besitzt er natürliche Führungsqualitäten? Schau dir den Spiegelfinger an und achte auf Strebsamkeitslinien.

HANDPAAR 2

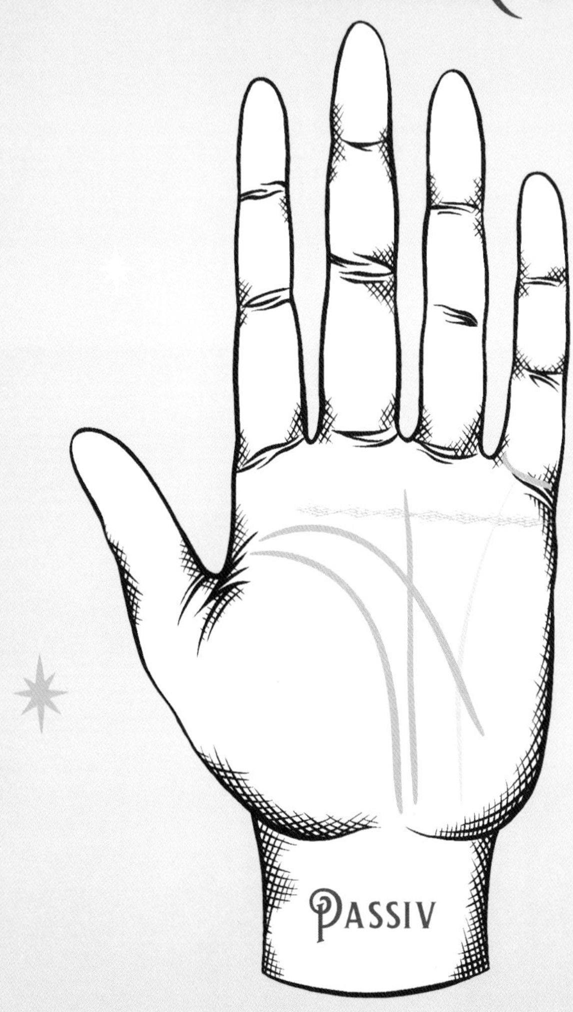

1. Welche Handform ist dies, und was sagt sie dir über diese Person?

2. Die Hautbeschaffenheit ist seidig. In welcher Umgebung fühlt sich dieser Mensch am wohlsten?

3. Ist dies ein kühl denkender Vernunftmensch? Schau dir die Kopflinie an und prüfe, ob es eine Geisteslinie gibt.

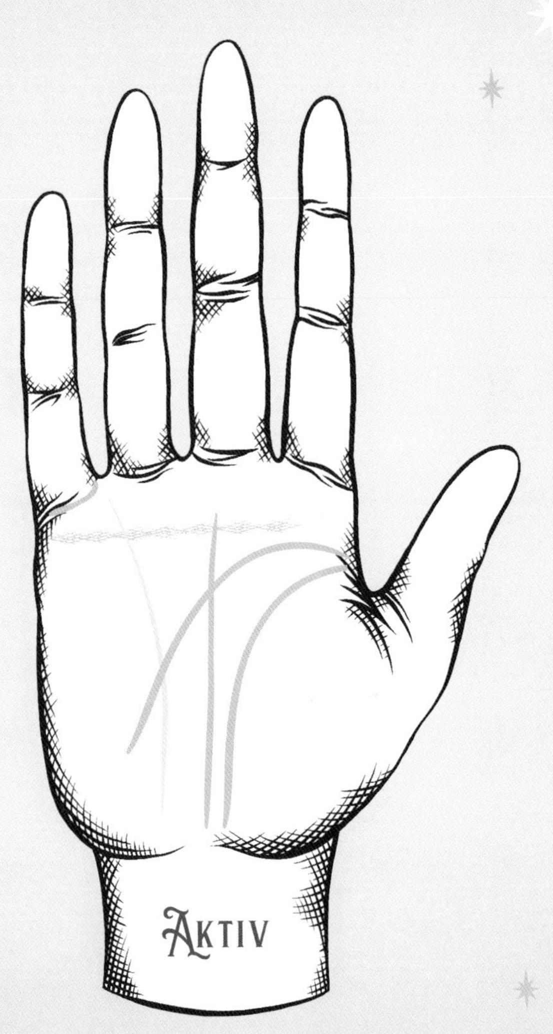

4. Wie sieht es mit Beziehungen aus? Kann dieser Mensch Nähe zulassen? Bestimme die Länge und Qualität der Herzlinie und schau, ob es Zuneigungslinien gibt.

HANDPAAR 3

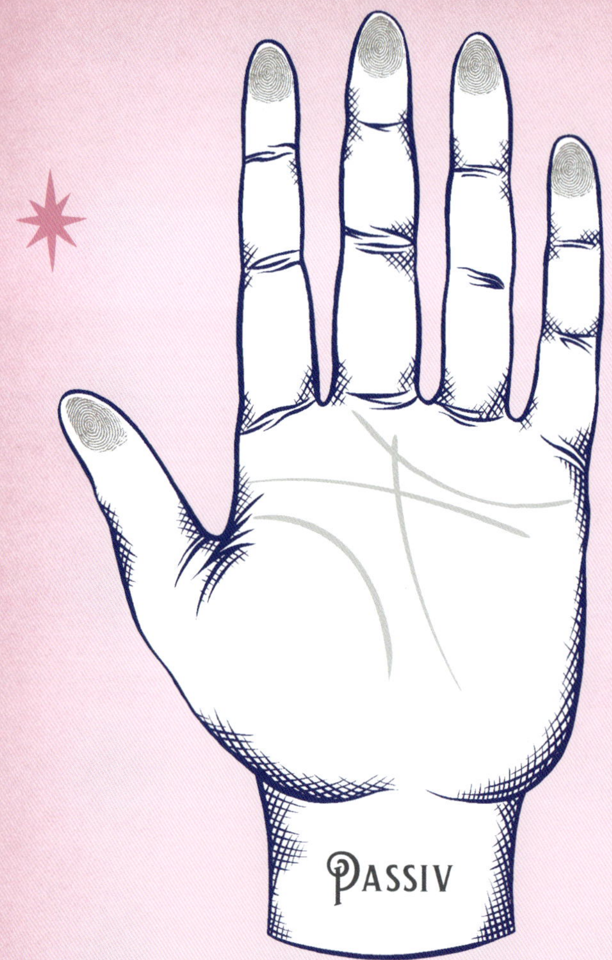

1. Welche Handform ist dies?

2. Ist dies ein sehr angepasster Mensch? Schau dir den Mauerfinger und den Anfang der Schicksalslinien an.

Achte auf Wirbel an den Fingerkuppen und Abbrüche in der Lebens- und Kopflinie.

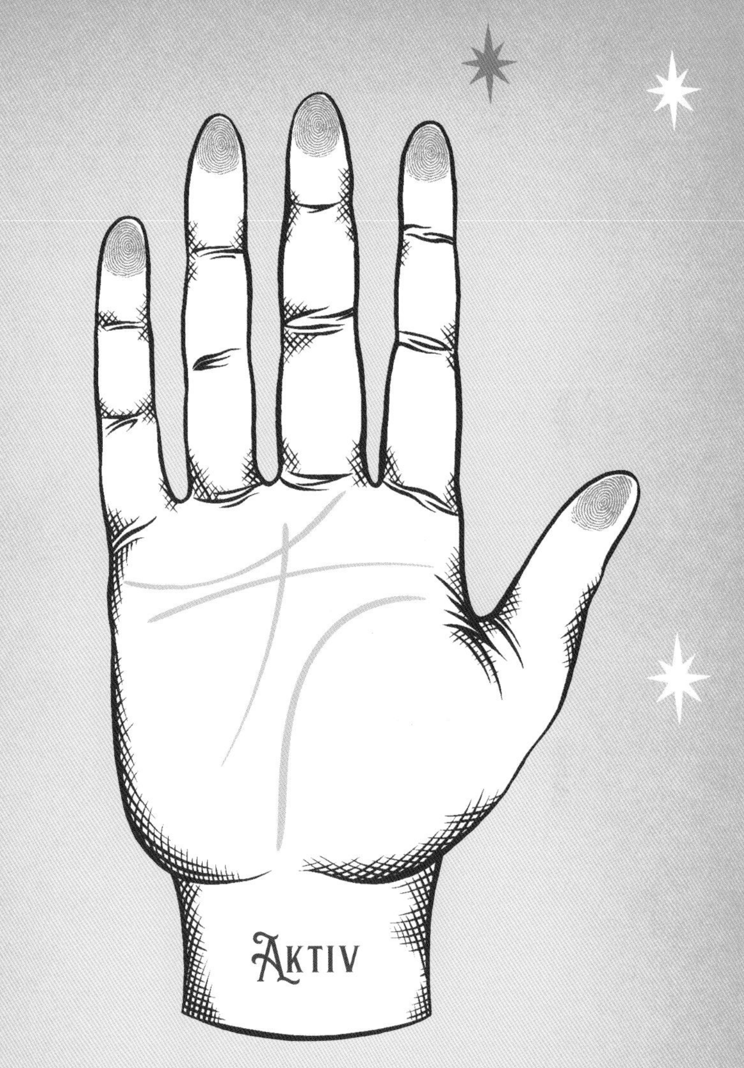

3. Steht dieser Mensch mit beiden Füßen auf dem Boden? Glaubt er an sich und an den Weg, den er geht? Schau dir die Lebenslinien beider Hände an.

4. Ist dieser Mensch ein Philosoph? Sieh dir die Länge und Qualität der Kopflinien an.

HANDPAAR 4

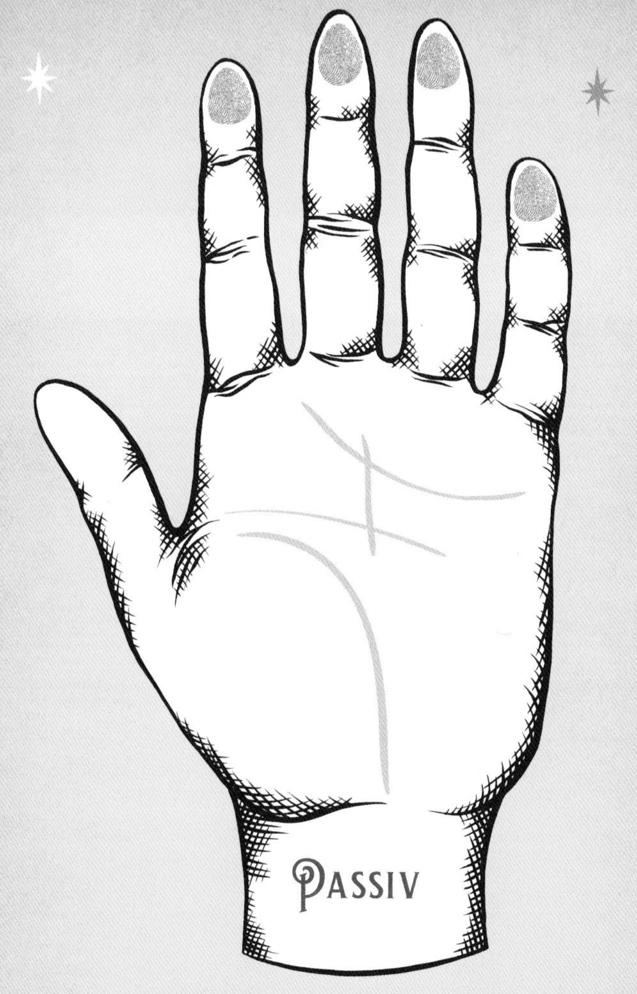

1. Welche Handform ist dies?

2. Wie reif ist dieser Mensch? Ist dies ein »alter Kopf auf jungen Schultern«?

Hat er eine bestimmte Berufung? Schau dir die Schicksalslinien an.

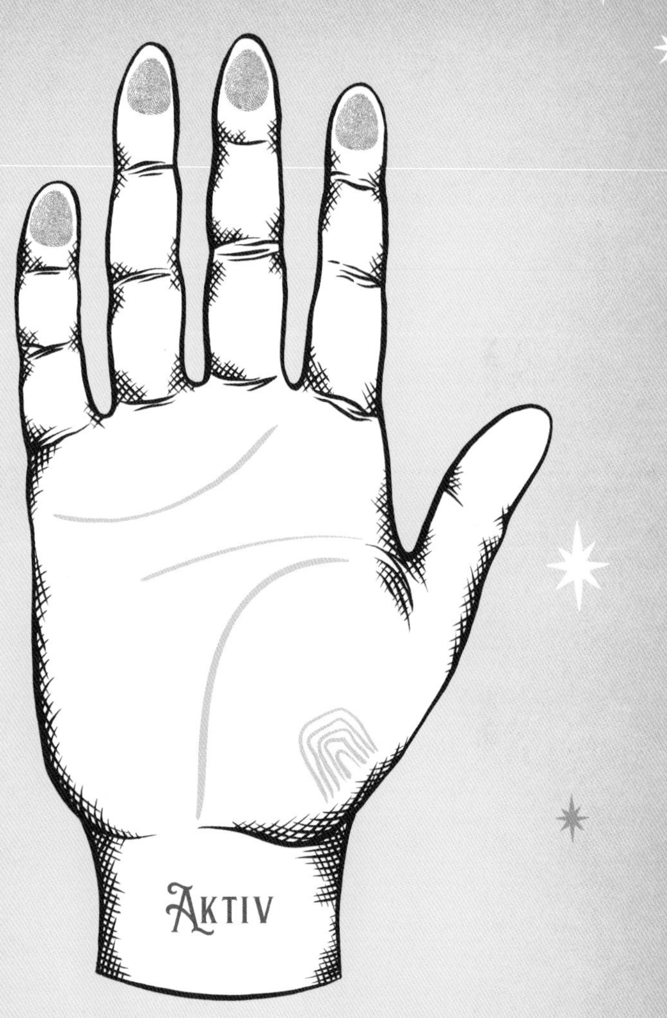

3. Analysiere die Fingerabdrücke und schau nach Prägezeichen. Ist dies jemand, der entspannt und ausgeglichen im Denken ist?

4. Hast du es mit einem Musikliebhaber zu tun? Achte auf die Herzlinienqualität. Ist der Pfauenfinger lang? Entdeckst du Rhythmusschleifen?

ÜBUNGSHÄNDE

LÖSUNGEN

HANDPAAR 1

1. Dies ist eine quadratische Hand (Schildkröte), die für Solidität und praktische Begabung steht: eindeutig eine bodenständige Persönlichkeit. Der Schildkröten-Typ bewegt sich gern im angestammten Umfeld und meidet zum Beispiel alles, was sich zu schnell bewegt.

2. Die grobe Hautbeschaffenheit verrät, dass dieser Mensch es hasst, in Innenräumen eingesperrt zu sein. Er liebt praktische Tätigkeiten, vorzugsweise im Freien.

3. Die kurze, gerade Herzlinie steht für einen handlungsorientierten, besonnenen Menschen, der gedankliche Höhenflüge meidet und wenig für Philosophie oder Selbstbespiegelung übrig hat.

4. Der kurze, gebogene Spiegelfinger deutet auf ein niedriges Selbstbewusstsein hin (obwohl weniger ausgeprägt an der aktiven Hand). Die grobe Haut (verminderte Sensibilität) und fehlende Strebsamkeitslinien könnten auf Selbstvernachlässigung hinweisen. Leute mit gebogenem Zeigefinger sind normalerweise keine geborenen Anführer.

HANDPAAR 2

1. Diese Wasserhand (Schlange) ist typisch für eine anpassungsfähige Persönlichkeit, die Konflikten aus dem Weg geht und von Beziehungen fasziniert ist.

2. Seidige Haut ist extrem empfindlich; sie verweist auf eine Aversion gegen Stress und Lärm. Dieser Mensch braucht ein ruhiges, harmonisches Umfeld.

3. Die lange, gebogene Kopflinie steht für eine tiefgründige, reflektierte, subjektive Weltsicht. Die mentale Wahrnehmung ist zutiefst abhängig von persönlichen Erfahrungen und Stimmungen. In Kombination mit der Geisteslinie deutet dies auf eine medial hochbegabte, nicht im Logischen wurzelnde Person.

4. Die Herzlinien sind von Inseln durchzogen und etwas kurz. Dies ist ein gefühlvoller Mensch, der bisweilen wechselhaft und emotional dissoziiert wirken könnte. Mit der Einschnürung am Antennenfinger und einer Zuneigungslinie, die den Intimitätsbereich blockiert, dürfte es schwer für andere sein, nah an ihn heranzukommen.

HANDPAAR 3

1. Dies ist die Lufthand (Habicht) eines ideenreichen Denkers, der es vorziehen dürfte, mit dem Kopf zu arbeiten.

2. Der große Abstand zwischen dem Beginn der Schicksalslinien und den Erdlinien ist ein klassisches Zeichen für einen Rebellen. Auch zwischen dem Anfang der Lebens- und Kopflinien liegt ein weiter Spalt, was auf gedankliche Unabhängigkeit und eine physische und intellektuelle Trennung von Heimat und Elternhaus spricht. Noch dazu ist der Mauerfinger kurz (Nonkonformist), und die vielen Wirbel an den Fingerbeeren sind Zeichen für fehlende Gruppenidentität. Dies ist ein Individualist, wie er im Buche steht.

3. Der Lebenslinie an der passiven Hand fehlt die Basis, was auf innere Unsicherheit und darauf schließen lässt, dass die Familie entwurzelt wurde oder oft umgezogen ist. Mit der Zeit konnte sich diese Person allerdings in der Arbeitswelt eine praktischere, tragfähigere Basis schaffen.

4. Beide Kopflinien sind lang, die an der aktiven Hand ganz besonders: ein äußerst philosophischer, weitblickender Mensch, was sich mit zunehmendem Alter vertieft. Gedanklich ist er oft irgendwo, nur nicht im Augenblick.

HANDPAAR 4

1. Dies ist eine Feuerhand (Tiger). Die Haut ist körnig, gehört also einer dynamischen, schwungvollen Persönlichkeit.

2. Das dominante Fingerabdruckmuster ist der spitze Bogen: ein intensiver, enthusiastischer, dramatischer Geist. Da beide Zeigefinger dieses Muster aufweisen, besteht ein natürliches Bedürfnis, andere zu führen und zu inspirieren. Eindeutig keine abwartende oder besonders stete Seele.

3. An der passiven Hand fehlt die Schicksalslinie, was auf eine tiefe Unreife schließen lässt; dieser Mensch wusste sich als Kind nicht einzuordnen. An der aktiven Hand sehen wir eine halbe Schicksalslinie. Bis Ende dreißig bestand wohl Unklarheit darüber, welche Berufung oder welcher Weg zu wählen sei.

4. Die Herzlinie ist stark und gebogen, dies ist demnach ein ausdrucksstarker, emotional und künstlerisch gut ansprechbarer Charakter. Eine starke Rhythmusschleife und lange Pfauenfinger an beiden Händen sind ein eindeutiges Zeichen, dass Musik eine Rolle spielt. Sie wäre angesichts der expressiven, lebendigen Natur dieser Hand ein gutes Ventil für eine solch dramatische Persönlichkeit.

Dank

Mein besonderer Dank geht an Astro-Jo, Jai-Jai, Don, Nita, Lisa und meine vielen Klienten, die mir im Laufe der Jahre alles beigebracht haben, was ich weiß.